AF309031

DISCOVRS FVNEBRE
PANEGYRIQVE
ET
HISTORIQVE,
SVR
LA VIE ET VERTVS, LA
MALADIE ET LA MORT
du Roy Tres-Chrestien
LOVYS LE IVSTE.

Prononcé le 19. & 20. Iuin, aux Seruices solennels
qui furent faits en l'Eglise des RR. PP. de
l'Oratoire du Louure.

Par Messire CHARLES FRANÇOIS D'ABRA
DE RACONIS, *Docteur en Theologie, Conseil-*
ler du Roy en ses Conseils, Predicateur ordi-
naire de la Reyne, Euesque de l'Auanr.

A PARIS,

Chez NICOLAS TALON, Libraire ordinaire
de la Reyne, ruë S. Iacques, au Mortier
d'Or, pres l'Eglise de S. Benoist.

M. DC. XLIII.

A LA REYNE.

Adame,

MIl faut que i'aduouë
à vostre Maiesté que
ie me sens vn peu pressé, & que
quoy que ie fasse, i'auray grande
peine à me deffendre, ou d'estre
accusé d'ingratitude, ou d'estre
blasmé de dureté.

D'ingratitude, si estant obligé, comme ie suis aux bontez de
nostre Iuste Prince, vostre cher
Espoux, le Pere de son peuple, &

ã ij

EPISTRE

le petit Fils de Sainct Louis, ie
garde le silence, pendant que tant
de bouches sont ouuertes, & tant
de plumes occupées à publier ses
louanges.

De dureté, ne pouuant par-
ler sur le triste suiet de son trespas, sans donner vne nouuelle atteinte au cœur de Vostre
Majesté, en luy representant
l'image de sa perte, qui au lieu
d'adoucir ses peines semble-
roit plustost en deuoir faire
croistre le sentiment? En quoy,
Madame, ie traitterois mal vne
si grande bonté que la vostre, &
ne m'acquitterois pas bien de la
fonction de Consolateur, à laquelle m'obligent, & mon cara-

ctere, & l'honorable qualité
que Voſtre Majeſté m'a donnée,
& que ie conſerue precieuſement
de ſon Predicateur.

Il eſt vray, Madame, qu'e-
ſtant tout voſtre, par le bon-heur
qui m'a fait n'aiſtre François,
par l'honneur que i'ay d'eſtre de
voſtre Maiſon, par mes propres
inclinations, et par l'eſtime particuliere que ie fais auec toute
l'Europe de la plus ſaincte &
Royale vertu que l'Eſpagne ait
fait naiſtre pour le bien des
François : ie n'aurois pas balancé
entre les intereſts de voſtre contentement, & ceux de ma reputation, & i'aurois facilement
conſenty, qu'en faiſant mon cri-

ã iij

EPISTRE.

me de ma discretion, on feist paſ-
ſer mon ſilence pour ingratitude,
pluſtoſt que de r'ouurir la playe
de Voſtre Majeſté, & d'en aug-
menter la douleur par mes
diſcours.

Mais vne nouuelle penſée
me venant en l'Eſprit à eſloigné
les premieres, et fait que iay creu
me pouuoir acquitter de mes
obligations par la publication
des loüanges de mon Roy & de
mon bien-faicteur, & ne point
bleſſer les ſentimens de ma
Reyne & vnique Maiſtreſſe,
& ainſi me mettre à couuert
tant de l'accuſaction d'ingratitu-
des que du blaſme de dureté.

Ce n'a pas eſté en cette der-

niere occasion, ou Vostre Majesté à commencé de faire paroistre la force de son Esprit, &
la fermeté de son courage. Tous
ceux qui ont esté assez heureux
de l'approcher confirmeront ce
tesmoignage que la verité m'o-
blige de luy rendre, qu'elle s'est
tousiours mise au dessus de toutes les tempestes de la vie, &
qui aucun accident n'a esté capable de l'estonner.

Cette consideration, Ma-
dame, à fait cesser l'inquietude
où ie me trouuois, & ie n'ay pû
croire que tout ce qu'il y a de
triste en ce discours Funebre,
peust ietter quelque desordre
dans une ame si forte, & que de

simples paroles fussent capables
d'esbranler un Esprit si affermy
dans la vertu. Ce qui m'a fait
resoudre, apres auoir publique-
ment prononcé ce discours de tenebres & de mort, non seulement de luy donner la lumiere
& la vie, mais aussi de l'offrir
à Vostre Majesté, pour luy re-
mettre deuant les yeux l'idée de
ce Grand Prince, & tres-digne
Espoux, qu'elle a tousiours plus
aimé que soy-mesme, & pour
lequel elle a ietté des larmes in-
finies, proportionnées à la grandeur de son amour.

Si son trespas que i'y descri
l'afflige d'vne part, elle sera
d'ailleurs consolée par la repre-

sentation que i'ay tasché d'y
faire de ses Royales vertus; &
aux endroits de plus grande tristesse, peut estre trouuera elle
quelque adoucissement à sa douleur, de voir que i'ay meslé mes
pleurs auec les siennes, & que ie
ne comparisse pas seulement à
son affliction, mais que ie me sois
efforcé, en partageant sa perte,
de la luy rendre plus facile à
supporter.

Dieu soit loüé, Madame,
puisque ie me trouue, non seulement sans crime à l'endroit de
Vostre Majesté, en luy dédiant
cet Ouurage : mais peut-estre
dans son approbation; & que
tout ensemble ie satisfais à la

Iustice en publiant, auec les loüanges de mon Prince, les obligations que i'ay à mon Bien-faicteur & ainsi, ne les pouuant au-
trement recognoistre, du moins
ie ne parois pas ingrat en les
taisant.

Ie ne doute point, Mada-
me, que ie ne le feusse à l'endroit
de Vostre Majesté, si me trai-
tant à la rigueur, elle exigeoit de
moy autant de reconnoissances,
qu'elle m'a comblé de bien-faits,
en me receuant à son seruice,
& continuant de m'aduoüer
pour sien. Mais parce que ie
sçay bien, qu'elle donne plus à la
bonté qu'à la Iustice, & qu'imitant celuy, dont elle est l'image,

elle regarde plustost le cœur que
les mains, l'affection de celuy qui
presente que la qualité du present: i'espere que si elle ne me
tient du tout acquitté (ce que ie
ne pourrois & ne voudrois iamais aduoüer) au moins me
deschargera-elle du reproche
d'ingratitude, ou ie ne puis tomber, dautant que i'ay fait ce que
i'ay pû, & que pour suplee aux
defauts de ma reconnoissançe, ie
l'accompagne d'vn regret extres-
me de ne pouuoir pas faire dauantage.

Si vostre Maiesté ne trouue
pas dans ce discours toute la po-
litesse, & tous les ornemens, dont
quelques autres escrits, qui luy

ont esté offerts sur le suiet, se
font parez, elle iugera peut estre
que ma naïueté aura mieux ren-
contré que leur artifice ; parce
que l'Eloquence est mal seante
au deuil & aux funerailles, &
qu'vne grande douleur, comme
la nostre, s'exprime mieux par la
confusion des paroles, que par
l'artifice des discours.

Et quand mesme toutes au-
tres excuses me manqueroient,
l'obeïssance me iustifieroit assez,
& ie ne croirois pas auoir fait
contre mon deuoir, quand i'aurois entrepris par dessus mes forces ; ou plustost mesurant mon
entreprise à mes forces, i'estime-
rois auoir pû satis-faire à mon

EPISTRE

deuoir & au commandement
de Voſtre Maieſté tout enſemble, qui eſt trop raiſonnable pour
vouloir des ſiens des choſes im-
poſsibles : Et quand elle m'en
commanderoit de tres-dificiles, la
gloire & la ioye de luy obeïr me
donneroient de la facilité à les
executer, parce que ce ſeroit vne
preuue de la paſsion auec laquelle ie me diray touſe ma vie.

MADAME,

de V. Majeſté,

Le tres-humble, tres-obeïſſant & tres-
fidele ſeruiteur ſubjet & Predicateur,

DE RACONIS, Eueſque de l'Auxur.

Extraict du Priuilege du Roy.

LE Roy par ses patentes données à Paris, le 13. Iuillet 1643. signées Vigneron, a permis à Messire Charles François d'Abra de Raconis, Docteur en Theologie, Conseiller du Roy en ses Conseils, Predicateur ordinaire de la Reine, Euesque de l'Auaur, de faire Imprimer, vẽdre & debiter vn liure intitulé *Discours Funebre Panegyrique & Historique, sur la vie & vertus, la maladie & la mort du Tres-Chrestien Roy, Louys le Iuste,* pour le temps de dix ans : auec deffences à tout Imprimeur & Libraire de l'imprimer, ou faire imprimer, vendre, ni debiter sans sa permission, sur les peines aux contreuenans contenuës audit priuilege.

Ledit Seigneur Euesque de l'Auaur, a cedé ledit Priuilege à Nicolas Talon, Marchand Libraire à Paris.

Fautes suruenuës en l'Impression.

pag. 25. lin. 9. *lisez* somerain. pag. 27. lin. 6. *ostez* en effet. pag. 32. lin. 1. *lisez* obiect. p. 35. lin. 18. il. p. 51. l. 9. l'a. p. 55. lin. 6. *adioustez* que pour. p. 57. lin. 21. *lisez* faisoient, p. 58. lin. 21. s'estoit. p. 60 lin. 19. point. p. 61. lin. 1. de. lin. 3. toute p. 63. lin. 15. retenir. p. 104. lin. 9. retracter. p. 106. lin. 8. auoir. p. 128. lin. 20. soy mesme. p. 131. lin. 8. les maux. p. 138 lin. 16. ardeur, p. 139. lin. 9. le docte Tertullien. p. 141. lin. 18. proprement. p. 144. lin. 1. nous nous. lin. 21. Et il. p. 154. lin. 10. humilité. p. 161. lin. 14. souspir. p. 169. lin. 8. prestoient. p. 181. lin. 5. penser. p. 187. lin. 16. Cieux. p. 190. lin. 18. qu'il. p. 209. lin. 16. seroit ce bien. p. 218. lin. 2. pendent. p. 219. lin. 18. le vain. lin. 21. se dissipe. p. 221. lin. 16. ennuis.

DISCOVRS FVNEBRE,
PANEGYRIQVE
ET
HISTORIQVE,
DE LA VIE ET VERTVS,
MALADIE ET MORT
du Roy Tres-Chrestien,
LOVYS LE IVSTE.

Dites au Iuste qu'il a bien fait, & qu'il mangera les fruicts de ses Industries.

Dicite iusto quoniam benè, quoniam fructus adinuentionum suarũ, id est, maũnuú comedet. Isaiæ 3.

TRES-ILLVSTRE, Tres-Noble, Tres-Religieuse & Tres-dolente compagnie, n'attendez pas que ie vous entretienne auiourd'huy.

Non, Messieurs, Il n'appartient

qu'à Dieu de loüer ce grand Prince,
que sa puissance auoit fait naistre, que
son amour auoit pris le soin d'enrichir des plus rares vertus qui peuuent
rendre vne vie accomplie, & que sa
Sagesse auoit disposé pour le maintien de son Eglise, & pour la gloire
de cét Estat.

Non, Il n'y a que l'Esprit de Dieu,
Esprit d'Intelligence & de Lumiere,
qui ait pû penetrer le fond de tant de
hautes & esclatantes vertus de nostre
Grand & IVSTE ROY, qui l'ont
rendu vn digne obiect d'amour à
Dieu, d'admiration aux Anges, d'e-
xemple à tous les Roys, & d'eston-
nement à tous les peuples de la terre.

Et c'est aussi ce seul Esprit, qui
remplissant celuy du plus sage des
Princes, & du plus illuminé des Pro-
phetes, en a pû coucher les loüanges,
& en si peu de paroles comprendre
des Eloges presque infinis, d'vn

Prince present à sa pensée, quoy
qu'eloigné de luy de plusieurs siecles.
Dites au Iuste que toutes choses vont
bien pour luy, & qu'il mangera les fruicts
de ses mains.

Quand il le nomme Iuste, il descouure les vertus de son ame : quand il le
congratule d'auoir bien fait, il marque le merite de ses actions : & quand
il luy promet qu'il mangera les fruicts
de ses soings, c'est à dire, de ses mains
au sens de ce Prophete, il assigne la
recompense que Dieu son iuste iuge a
preparée à ses merites.

Le principe des actions, leur merite
& leur recompense : ou bien le com-
mencement, le progrés & la fin seront
trois petits poincts, & le seul ordre
que i'ay pû remarquer pour ce triste
& lamentable Discours dans le desordre & la confusion, où ie me trouue.
Quittons les preambules, puisque
nostre subiet est assez ample pour oc-

cuper tout le temps que nous auons à
parler.

—————————————————————————

I. POINCT.

VY, Messieurs, Ie le redis,
que c'est à Dieu, & non pas à
moy de loüer ce grand Prin-
ce, dont le Ciel auiourd'huy couronne les merites, tandis que nous souspirons son trespas, & dont les Anges
celebrent les triomphes auec allegresse, cependant que nous autres sommes icy occupés à faire ses Funerailles,
par des paroles entrecouppées de larmes & de sanglots.

C'est à luy proprement, qui l'a fait
naistre, comme vn chef-d'œuure de sa
puissance, & vn miracle de son amour,
de porter les loüanges de tant d'illu-
stres actions, qui ternissent la gloire
de tous les siecles passés, & dont l'hi-
stoire sera desormais l'abbregé de

tout ce qu'il y a de plus grand & de
plus éminent dedans le monde.

Ce Prince, pour lequel enrichir, il
semble que la nature ait espuisé toutes ses richesses; & qu'elle se soit renduë auare pour les autres, à fin d'estre
prodigue en son endroit.

Ce Prince, qui comme vne parfaite
image du Fils de Dieu, à recueilli & accordé en sa personne des qualitez, qui
iusques à lors auoient tousiours paru
incompatibles; vne si haute condition, & vne si grande moderation;
vne puissance si redoutable, & vne si
charmante douceur; vn esclat si
pompeux, & vne humilité si profonde; le plus riche & le plus florissant
Royaume de la terre, & vn si grand
destachement de toutes choses; vne
continuelle distraction d'esprit dans
les affaires, & vne si entiere recolle-
ction de son cœur à Dieu; bref, vne
pieté & deuotion si singuliere, auec

vn tel engagement au monde, & vn
ſi grand commerce de la Cour.

C'eſt vn fleuue qui a paſſé au milieu
de la mer ſans ſe ſaler, vn rayon qui a
conſeruéſa pureté parmy les ordures,
dont le monde regorge; vn rocher
qui eſt demeuré ineſbranlable au milieu des tempeſtes, dont les grandes
Cours ordinairement ſont agitées:
vn homme enfin ſingulier en tout,
qui a trouué le repos dans le tumulte,
& fait eſclatter les plus grandes vertus
au milieu des plus grands vices, &
qu'on peut dire ſans flatterie, n'auoir
eu auant ſoy aucun modele à imiter,
n'auoir pû imiter que ſoy-meſme, &
s'eſtre rendu inimitable à tout le
monde.

Ie le repete pour la derniere fois,
que tant de merueilles reünies en vn
meſme ſujet, ne peruent dignement
eſtre exprimées que par la bouche de
cluy, qui non ſeulement en cognoiſt

le fonds, mais qui en a esté le principe & la cause; & non pas par les foibles discours d'vn Orateur infirme &
impuissant, comme ie suis.

Mon impuissance, Messieurs, pro-
cede de deux costez, & de l'excés de
ma douleur, qui me serre le cœur, &
interdit ma langue, & de la grandeur
de mon sujet, qui abat mon esprit, &
confond mes pensées.

Douleur! helas! Et quelle plus iuste
que celle que ie conçois auec tout la
France pour vne perte, & si publique,
& si particuliere?

Publique; puis que c'est celle de
nostre Roy, & du meilleur qui ait iamais regné sur nous. L'Eminence de
sa condition demande nos respects,
& les charmes de sa bonté exigent
nostre amour; & l'vn & l'autre nous
donnant cognoissance de la grandeur de nostre perte, cause en nous
vne douleur qui se fait mieux sentir à

nos cœurs, qu'elle ne se peut expri-
mer par nos bouches.

Quand ie dis Roy, ie dis le Pere de
tous les peuples ; & quand ie le nomme Pere , ie descouure assez son
amour : parce que l'amour est si natu-
rel à vn Pere, que celuy qui se dit Pere,
& n'aime point, fait assez voir par là
qu'il n'a de Pere que le nom ; mais ce
tiltre respectueux de Roy, & le nom
amoureux de Pere condamne & d'vne
insensibilité desnaturée, & d'vne tres-
iniuste ingratitude les peuples qui
manquent de respect & d'amour vers
leurs Princes ; puis que la nature oblige les enfans à aimer leurs peres, la loy,
les subiects à respecter leurs Rois, &
que selon la iustice, l'amour ne peut
estre payé que par soy-mesme : mais
s'acquittant aussi de ces deuoirs d'a-
mour, de respect & de recognoissance enuers eux, comme ils en cherissent
la possession , aussi ne peuuent-ils

manquer d'estre tres-viuement touchez & tres-sensiblement affligez de
leur perte.

La douleur donc de la France se
peut dire, publique, puis que c'est
pour la perte de son grand Roy, du
Pere de tous ses peuples, le plus aymable de la terre.

Publique pour l'Eglise, qui perd
le plus puissant appuy, & le plus zelé
defenseur de tous ceux qui ont ma-
nié le Sceptre de la France, & à qui la
pieté & la Religion, ont acquis le tiltre de Tres-Chrestien entre tous les
Roys de la terre.

Publique pour la Noblesse, dont il
auoit gaigné les cœurs, par les attraits
de sa bonté, qui n'eut iamais de pareille, & animé les courages aux actions
de gloire, par l'exemple de son incomparable valeur.

Publique pour la iustice, dont il a
souuent honoré les sieges par sa pre-

sence, & affermy les loix par son authorité.

Publique, en fin pour tous les peuples de son Royaume, qui se promet-
toient asseurément de sa tendresse paternelle, auec le restablissement d'vne
bonne paix celuy de leurs fortunes
abbatuës, & le remede à tant de maux
dont ils auoient esté accueillis & acca-
blez depuis tant d'années, & que ce
bon Prince ne voyoit qu'auec douleur, comme il ne les auoit souffertes
qu'auec regret, pour les secours de ses
affaires, ausquelles tous ses sujets
estoient obligés de contribuer.

Elle est donc publique ceste perte, &
tout ensemble particuliere, pour quel-
ques-vns, mais en si grand nombre,
qu'elle se rend encore de ce costé quasi
publique.

Puis-ie penser à vous, dignes Ra-
meaux d'vne si digne Tige, couple
heureux de freres, qui releuez nos es-

perances languissantes, & promettez
de faire reluire en vos actions, la Pieté,
& les autres vertus Royales, de ceux
dont vous auez tiré la naissance ; i'entends parler de vostre Majesté, (ô
nostre petit, mais tres-grand Monarque) & de Monsieur vostre tres-digne Frere, qui est comme vn autre
vous-mesme ; qui sera vostre bras,
comme vous estes son chef : à qui
vous influërez la force par vostre authorité, & qui s'employera vigoureu-
sement pour la defense de vostre
Estat, & la gloire de voste Sceptre.

Aussi semble-il bien que le Ciel en
ses plus grandes benedictions, ne vous
ait accordé à la France, apres tant de
souspirs & de vœux, que pour luy
seruir de Colomne, & empescher
l'esbranlement, dont elle seroit infal-
liblement menacée par vne telle cheute, que celle que nous déplorons
maintenant, & pour laquelle on vous

à veu verſer des larmes incomparablement, au de là de ce qu'on pouuoit
attendre d'vn aage ſi tendre, & pour
l'ordinaire ſi peu capable d'vne grande douleur.

Pourrois-ie auſſi ſans larmes ſon-
ger à vous , ô grande & puiſſante
Reyne , plus Illuſtre encore par la
ſplendeur de vos Vertus que par la
Nobleſſe de voſtre ſang Royal, Fille
d'vn des grands Roys de la terre, belle ſœur d'vn Empereur, Eſpouſe du
premier Roy de l'Empire de Ieſus-
Chriſt, & Mere de celuy que nous eſ-
perons auec raiſon deuoir auſſi bien
ſucceder à ſes Vertus , comme à ſon
nom & à ſa Couronne? Ah! ceſte penſée me tuë, & la triſteſſe qui depuis ce
funeſte moment qui a arraché de
voſtre ſein celuy qui vous eſtoit plus
cher que voſtre vie, a touſiours eſté
peinte ſur le viſage de voſtre Majeſté,
penetre mon cœur de douleur, entre-

couppe ma voix, & me priue de la
parole. En effet, grande Princeffe, &
ma tres-digne Maiftreffe, puis que le
fujet de voftre affliction nous eft
commun, le fentiment ne le doit-il
pas eftre? Et ayans part à voftre perte,
n'eft-il pas iufte que nous l'ayons
auffi à voftre douleur? & c'eft ce qui
me met dans l'impuiffance de vous
confoler, parce que la confolation
me manque à moy mefme : & que
noftre defaftre commun eft fi grand,
qu'vne vertu moindre que la voftre
auroit grand peine à le fupporter.

Il eft vray que voftre fentiment eft
exceffif; & ainfi demanderoit, ce
femble, quelque moderation, mais
cet excés qui fe mefure à celuy de
voftre perte, eft fi iufte, qu'il femble
d'autre cofté qu'il y auroit de l'iniufti-
ce à le vouloir moderer; & que ce feroit accroiftre voftre douleur d'entreprendre de le confoler.

Aussi peu pourroi-ie vous oublier, bande desolée d'Officiers d'vn si bon Maistre, & d'vn si grand Roy, dont la presence me donne des sentimens de pitié, de tristesse & d'amour tout ensemble. Ceste couleur lugubre de vos habits, qui marque le dueil & la douleur interieure de vos cœurs : ces visages pasles & descolorez : ces yeux esteints & mourans & tous cauez par l'abondance de vos l'armes, dont la source deuroit estre tarie depuis vn si long-temps qu'elle ne fait que couler, me percent le cœur & renouuellent ma douleur : & ces tristes regards que vous portez sur moy, sont autant de flesches aiguës, qui me r'ouurent le sein, & r'entament ma playe encore toute sanglante, & dont ie n'espere pas bien-tost guerir.

Tous ensemble, vous plaignez la perte du plus grand des Roys, & du meilleur de tous les Maistres, qui

comme vne Ame vniuerselle, vous
vniffant enfemble, rendoit vos vies
affeurées, & vos fortunes inefbran-
lables.

Vous dites que la Colomne de la
maifon d'Ifrael eft tombée, & que
vous auez perdu voftre appuy : que
Dauid le plus aimable des Roys, & le
plus pieux de tous les Princes eft
mort, & qu'il y a encore trop peu de
vrays Ifraëlites qui fe lamentent fur
fon trefpas : que le Iufte a efté enleué
de la terre, & qu'il n'y a quafi perfonne qui repenfe en fon cœur, & la grandeur de fa perte, & l'excés de fon infenfibilité : que la couronne de noftre
tefte eft tombée par terre, à caufe de
nos pechez que Dieu a chaftiez fur la
perfonne de noftre Prince, comme
il auoit déja fait fur celle de fon Fils,
& que nous ne laiffons pas d'entretenir intelligence auec ces mon-
ftres d'impieté, qui ont caufé vn fi

gneur de Lifieux, en cette cele-bre haran-gue Fune-bre de feu Henry le Grãd, qui ternit le luftre de toutes cel-les qui fu-rent faites fur le mef-me fujet.

horrible & fi funefte parricide.

En vn mot, vous pleignez amere-ment la perte de voftre bon Maiftre, & ie ne pleindray pas celle que i'ay fait auec vous, du mien, de mon Roy, & de mon bien-faicteur tres-magni-fique?

Mes yeux, faites l'office de ma langue; parlez par vos larmes, puis que ma langue maintenant eft inca-pable de former des paroles : & que quand mefme elle le pourroit, elles feroient auffi-toft eftouffées par des fanglots, pour le trefpas de celuy qui faifoit toutes nos delices, & que i'ai-mois, (il n'improuuera pas, ie m'af-feure que i'vfe de ce terme, parce que Dieu approuue que nous en vfions en fon endroit) oüy que i'aimois en effect, plus que ma propre vie, & qui cognoiffoit mon amour: c'eftoit af-fez pour m'affeurer du fien, qui ne pouuoit eftre fterile; parce qu'eftant

le

le plus Iuſte des hommes , voire le
I v s t e par excellence , & cognoiſ-
ſant ce que ie viens de marquer, & qu
ne peut eſtre contredit , que la plus
eſtroitte iuſtice eſt celle de l'Amour,
qui ne peut eſtre payé que par luy meſme: Il eſtoit impoſſible qu'il rendiſt
vne affection mediocre pour vn
amour qu'il iugeoit exceſſif; (ſi l'excés
pouuoit eſchoir à aimer la vertu de
toutes la plus aimable) dont outre
les effets , les aſſeurances qu'il luy a
pleu m'en donner autrefois de ſa bouche Royale, me ſont des gages trop
preſſants , qui ne s'effaceront iamais
de ma memoire, & qui m'obligent à
vne recognoiſſance immortelle : mais
que ie n'eſpere pas pouuoir iamais acquitter, & n'oſerois, particulierement
par la publication de ſes Royalles vertus, de peur de luy deplaire, & pour
n'en diminuer le prix, ou pluſtoſt de
peur que leur grandeur ne rendiſt

B

moins croyable la verité de mes
loüanges ; qui est la seconde raison
de mon impuissance, non moins legitime que la precedente prise de la
grandeur de ma douleur. Oussi me
suis vn peu trop longuement entretenu, mon excuse est assez receuable,
n'estant pas bien aisé en vne grande
douleur, de rendre nos pleintes fort
discretes, & de garder moderation en
des afflictions excessiues.

Estrange extremité qui ne nous fait
que trop cognoistre la foiblesse de
nostre Esprit, qui s'embarasse de tous
costez, & par la sterilité, & par la fecondité de ses suiets : celle-là cause ses
escarts ; & celle-cy le iette dans le desordre : la premiere fait qu'il est souuent contraint de se taire, ou de chercher à parler hors son suiet ; par ce
qu'il ne luy fournit pas assez de matiere pour remplir son discours : & ce qui
s'afflige d'auantage en ce rencontre,

c'eſt qu'on attribuë pluſtoſt ſes man-
quemens à ſa propre foibleſſe, qu'à la
ſterilité de ſon ſuiet : mais il arriue
auſſi fort ſouuent, que ſa fecondité le
met en telle perplexité, qu'il ne ſçait
à quoy s'attacher, & que toute ſon
Eloquence eſt muette, parce qu'elle a
trop à parler. Il eſt proprement comme celuy qui ſe trouuant au milieu
d'vn parterre, enuironné de riches
fleurs de tous coſtez, dont il eſt egalement attiré, ne ſçait où tourner ſa
veüe, ny où porter ſa main.

Car de parler de toutes les qualitez auantageuſes de ce ſujet, & le
temps qui luy eſt preſcrit pour parler,
& ſa propre foibleſſe l'en empeſchent :
que s'il ſe reſout au choix, là eſt la
peine, le choix ne pouuant eſtre que
tres-difficile, lors que tout ce qui ſe
preſente eſt exquis : ainſi, ſi d'vne part
il eſt eſtonné par leur multitude, de
l'autre, il ſe trouue eſbloüy par leur

esclat, & souuent sans s'arrester au
choix ny à l'ordre, il prend resolution
de courir au hazard, ne croyant pas
pouuoir mal rencontrer, puis qu'il est
persuadé, qu'il ne trouuera rien que
d'excellent & digne d'occuper ses
pensées.

C'est, Messieurs, l'Estat où ie me
trouue: pour satisfaire à vostre attente, ie suis obligé de vous representer en
ce discours, de deux iours, comme en
vn tableau racourcy, toute la vie de nostre incomparable Monarque, qui
contient quasi autant de miracles,
comme il y a eu de momens qui l'ont
composée, & de l'heureuse mort, qui
a merité de terminer vne vie si admirable, ou plustost de l'eschanger en
vne heureuse immortalité. Pourray-
ie bien r'enfermer en l'espace de quelques petites heures des merueilles que
la plus longue vie auroit grand peine
de raconter, & pour le recit desquelles

toute l'Eternité feroit bien employée,
puis que toute l'Eternité en conferue-
ra le fouuenir, & en rendra les refmoi-
gnages : Et fi ie me veux reduire au
choix de quelques-vnes de fes actions,
pour vous porter à faire iugement
du refte de fa vie, comme de la piece
par fon efchantillon, outre que la
premiere par fa beauté attache mon
Efprit, & ainfi luy ofte la liberté de fe
porter aux autres, i'ay iufte fubjet de
craindre que l'obmiffion que i'en
feray ne faffe mon crime, comme fi
ie m'eftois monftré, ou trop peu affe-
ctionné vers ce Prince, le plus aimable
de la terre, ou trop negligent à recueillir tant de Royalles vertus qu'il a fait
efclatter à la veuë de tout le monde
durant le cours de fa vie, & particulierement en fa mort.

Pour fortir donc de cét embarras,
ie me refouz au filence, & à laiffer parler Dieu fur le fubjet des loüanges de

ce Prince, qu'il auoit exposé aux yeux
des hommes, comme vne image plus
expresse de ses Diuines & inuisibles
perfections. Parlant vne seule fois en
soy-mesme, il a produit vn Verbe de
perfection infinie, & dans lequel il a
compris toutes les richesses de son
essence. Il ne luy faudra pas de long
discours pour recueillir tout ce qui se
peut dire à la loüange de ce Monarque incomparable. *Dites au Iuste qu'il
a bien fait, & qu'il mangera le fruict de
ses mains.*

Il est vray que nous loüons souuent les Princes pour des choses non
seulement legeres, mais fort peu sorta-
bles à leur condition. Les loüer par ce
qu'ils sont ieunes, cela est bon à ceux
qu'on veut marier: par ce qu'ils sont
beaux & ajustez; c'est la loüange des
femmes: par ce qu'ils sont forts & vi-
goureux ; cét auantage est excellent
pour les luiteurs , & pour ceux qui

sont destinez à la peine.

La plus solide loüange, ou pour parler plus proprement, l'abbregé de toutes les loüanges, est celle qui se tire du tiltre de IVSTE, que Dieu a confirmé à nostre grand LOVYS par vn commun suffrage de tous ses peuples, & qui luy est deu si iustement, qu'aucun Roy deuant luy ne l'auoit point encore porté, & peut estre qu'il eust eu peine à le prendre, si vn autre auant luy l'eust pû meriter. *Dites au Iuste,* &c.

En effet, quand ie dis IVSTE en general, i'entends vn homme accompli de toutes les vertus Morales, puis que selon les Philosophes, toutes sont renfermées dans la Iustice.

Si ie me veux restreindre à vne plus speciale signification, par le Iuste, i'entendray vn Chrestien parfait en Foy, en Charité & en bonnes Oeures; parceque il est escrit que le Iuste

vit de la Foy, & que cette Foy qui
viuifie doit estre viuante & animée
de la Charité, qui se descouure par les
Oeuures.

Si enfin ie dis I v s t e, par excellence, & sans aucune addition, ie desi-
gne nostre Grand & incomparable
L o v y s, qui n'est pas moins dif-
ferent des autres Roys par la qualité
de I v s t e, qu'il l'estoit de ses peuples
par le titre de Roy.

Dites donc, dit Dieu à ce I v s t e
par excellence, ce I v s t e par l'assemblage de toutes les vertus Morales, ce
I v s t e orné de toutes les vertus
Chrestiennes ; esclatant en Foy, en
Esperance, en Charité, en bonnes
Oeuures ; que ses affaires sont en
bon estat, qu'il ne sera iamais pressé
de la necessité, qu'il a ietté dans la
terre des semences, dont il moisson-
nera les fruicts dans le Ciel, & se
repaistra des viandes en l'Eternité

qu'il se sera luy mesme preparées durant sa vie.

Voila beaucoup de matieres que
iē me taille, si le temps qui m'est pres-
crit pour parler, & ma propre foiblesse me pouuoient permettre de
les expliquer à fonds.

Les Philosophes ont cerché auec
grand soing, quel estoit le principal
bien de l'homme ; & apres auoir
beaucoup raisonné sur ce subiet, se
sont, en fin accordez à dire, que si
l'homme estoit capable de posseder
vn bien parfait & souuerain en cette
vie, il n'en deuroit rechercher aucun
autre que la vertu, seule capable de le
rendre heureux, autant que la condition de cette vie presente le peut permettre.

Le souuerain bien doit estre si
plein, qu'il n'y ait rien à desirer apres
sa possession : si pur, qu'il n'y ait rien
qui dégouste ; & si ferme, qu'il puisse

estre possedé auec asseurance.

Si la vertu n'a toutes ces conditions, au point que les possede l'obiect, qui rend les Saincts bien-heureux dans le Ciel, au moins ne peut-on pas desaduoüer qu'elle ne les ait auec des auantages incomparables sur tous les biens qui peuuent estre recherchez en cette vie.

L'homme vertueux ne sçauroit estre vuide, par ce qu'il se trouue content en toute sorte de conditions, aussi bien dans la pauureté que dans les richesses, ou plustost il ne recognoist aucune pauureté ; par ce que ne mettant son bien & son contentement qu'en soy-mesme, & en la possession de sa seule vertu, il ne laisse pas de s'estimer riche & d'estre content, quant toutes les autres choses luy defaudroient ; pourueu que sa vertu luy demeure, qu'il sçait que la fortune ne luy peut rauir, par ce que ce n'est pas elle qui luy a donnée.

En effect, ce seroit luy faire tort de ne le pas estimer sans ces petits auantages du corps & de la fortune, que les ames communes recherchent auec tant d'ardeur, qui ne sont en effect que des simples accessoires, & non pas des parties essentielles de la felicité; comme qui n'estimeroit pas le Soleil, si auec luy ne luisoit quelque petite Estoille, ou qui mespriseroit la mer, si les petits ruisseaux qui coulent sur la terre ne s'y alloient desgorger.

En vn mot, ne recognoissant aucun prix digne de la vertu qu'elle mesme: il ne la recherche, ny pour l'vtilité, ny pour la volupté; quoy qu'elle ne laisse pas de produire l'vne & l'autre outre son intention: comme vn vn champ labouré produit souuent quantité de fleurettes fort agreables, & qui mesme peuuent seruir à l'vsa-

ge de la vie) bien qu'il n'ait pas esté
labouré à ce dessein, & que ce soit vn
surcroist de bien qui contente le la-
boureur outre son attente. Voila sa
plenitude.

Sa Pureté n'est pas, ce semble, si
aisée à persuader : parce, comme elle
ne s'acquiert qu'auec trauail, aussi ne
se conserue-elle qu'auec peine, &
souuent il faut qu'elle fasse de grands
efforts pour se defendre des vices, qui
bien que contraires entr'eux, ne laissent pas de s'accorder pour luy faire
la guerre : comme l'auarice & la pro-
digalité par exemple, lesquelles estans
contraires entr'elles, ne laissent pas de
se donner la main, pour attaquer &
destruire par vn commun effort la
vertu de la liberalité. Il en faut dire
autant des autres.

Mais à dire la verité, c'est à tort
qu'on appelle de ce nom vn peu rude,
de trauail, les emplois de la Vertu, qui

sont tous aggreables & delicieux. Le
trauail mesme qui s'y rencontre contente ; parce qu'il est embrassé pour
l'amour de la Vertu, ou qui ne recognoist point de peine, ou qui la chan-
ge en repos. Ainsi donc ne peut-on
pas dire proprement que le vertueux
trauaille, lors mesme qu'il luite contre les vices ; parce que son trauail
estant aymé, il n'est plus trauail, mais
plaisir.

Il est vray que pour s'y maintenir,
il faut souuent qu'il trauaille à retrancher les voluptez des vices ; mais en
cela fait-il naistre vn autre volupté,
d'autant plus inestimable, qu'elle est
plus pure, & d'autant plus glorieuse
qu'elle fait le triomphe de la Vertu
sur les vices abbatus à ses pieds.

Ce qui marque en suite sa fermeté,
est, qu'il n'y a rien que nostre lascheté
capable de nous la faire perdre.

Que si ces aduantages se peuuent

donner à la Vertu en general, que dirons nous de l'assemblage de toutes ensemble, c'est à dire, de la Vertu de noftre incomparable & IVSTE ROY?

Il eft vray que la liaifon de toutes les vertus enfemble n'eft, ny fi ordinaire, ny fi facile à trouuer.

Ce n'eft pas la nature qui nous fait prefent de la Vertu, mais noftre trauail qui nous l'acquiert. Nous naiffons auec l'inclination au vice, il faut de l'art & du foing pour deuenir vertueux : nous naiffons bien pour elle, mais non pas auec elle : & dans les hommes les mieux nés le plus qu'on y remarque, eft la femence des vertus, mais non la vertu mefme. Il faut beaucoup de foing pour faire que cette femence efclofe, & produife fes fruicts. Ce qui fait que les vertus ne fe trouuent que rarement, & prefque iamais affemblées dans

vn mesme subiet. Chacun, dit le
grand S. Paul, a son don de Dieu;
l'vn d'vne façon, l'autre de l'autre:
l'vn a la science, l'autre l'eloquence:
l'vn est propre pour l'estude des
lettres, l'autre pour l'exercice des
Arts: l'vn se delecte à rendre iustice,
l'autre se plaist dans les combats:
Bref, le plus vertueux n'est pas celuy,
en qui toutes les Vertus se viennent
rendre, comme les fleuues dedans la
mer; mais celuy qui s'elogne le plus
des imperfections & des vices, aus-
quels nostre nature est sujete en cette
vie.

Cette conjonction par vn miracle
tout particulier s'est rencontrée en
nostre I v s t e & grand L o v y s, qui
a merité le tiltre de I v s t e, non seulement pour l'inclination qu'il a tou-
jours euë à faire rendre, & rendre par
luy mesme la Iustice à ses suiets, qui est
cette Iustice legale, ou cette Vertu par-

ticuliere qui les doit ou pour l'obiect, &
pour fin de les distribuer à toute le monde: mais pour auoir si heureusement
recueilli & accordé par vne douce har-
monie le chœur de toutes les vertus,
qui se sont pleues d'habiter en vne
ame si belle, ou plustost qui sem-
bloient estre nées auec elle, tant elle
auoit de facilité à les pratiquer, comme nous le ferons voir incontinent:
qui est proprement cette Iustice vniuerselle, ou cette equité generale qui
reluit dans les actions de toutes les
Vertus qu'elle embrasse.

On luy pouuoit donner le nom
de Grand, comme à Henry son pere,
parce qu'il estoit l'heritier de sa Couronne & de ses Estats ; mais cette
loüange estoit deuë à sa naissance, &
ce bon-heur luy venoit plustost de
celuy qui l'auoit fait naistre, que de
sa propre vertu : on le pouuoit aussi
nommer heureux, à cause des bons
& mi-

& miraculeux succés de toutes ses
entreprises, qui ont donné dela terreur à ses ennemis, & des rauisse-
mens à ses peuples : mais à cela on
pouuoit dire que la fortune prenoit quelque part.

Le tiltre de Ivste, luy est accordé, comme l'abbregé de toutes Vertus Morales, & en suite de
toutes les loüanges qu'il a meritées
en ses actions Morales & Politi-
ques.

Et pour passer des Morales &
naturelles aux Chrestiennes & surnaturelles, il faut remarquer que ce
qu'est la Iustice au respect des Vertus morales, le mesme l'est la Charité, à l'esgard des Chrestiennes, c'est
à dire, vne chaisne qui les vnit & lie
ensemble. Et c'est aussi le tiltre que
luy donne le grand Sainct Paul,
Ayez, dit-il, sur toutes choses la Cha-

Mutuã in vobis-metipsis Charitatem habete, quod est vinculũ perfe-ctionis.

rité, qui est le lien de la perfection, il l'appelle lien, non seulement par ce qu'elle vnit à Dieu, qui est la perfection consommée de l'homme, & sa derniere fin ; mais en ce qu'elle r'allie en soy toutes les Vertus, qui nes'vnissent ensemble en l'estat Heroïque de leurs perfections, qu'entant qu'elles le sont auec la Charité, ou pour mieux dire, ne sont autre chose que des branches particulieres de ce grand Arbre, qui prenant ses racines en terre s'esleue & porte ses fruicts iusques dans le Ciel, comme nous l'auons fait voir autrepart plus à dessein ; & que le temps ne me permettroit pas d'e-stendre en ce lieu.

Disons plus, que la Charité n'est autre qu'vne Iustice, voire, comme i'ay de-ja remarqué, la plus estroite & plus indispensable : car il peut

bien efchoir de l'efchange dans les
ventes & les achapts, & tel qui vent
fa maifon n'oblige pas l'acquereur
à luy en donner vne autre en paye-
ment ; mais en reçoit le prix, ou en
or, ou en argent, ou en pierreries,
ou en contracts de conftitution ;
Où l'Amour n'a qu'vne feule mon-
noye, dont il puiffe eftre payé, qui
eft luy-mefme : & s'il fe donne par
liberalité & fans contrainte, c'eft par
iuftice qu'il demande d'eftre récom-
penfé par amour : Et comme perfonne, dit S. Auguftin, ne fe peut
excufer de n'auoir point aymé, vn
object, qui de foy eft aymable ; de
mefme, dit-il autre part, ne fe pour-
ra-elle pas deffendre du reproche
d'infenfibilité, & de trop grande dureté, s'il n'a pas voulu donner l'amour, d'auoir refufé à le rendre.

D'où ie tire, que comme la Iustice Morale r'enferme en soy toutes les autres vertus Morales ; de
mesme la charité Chrestienne, comme vne Iustice surnaturelle, com-
prend en soy toutes les autres vertus
Chrestiennes & surnaturelles.

Ainsi le tiltre de IVSTE, n'ayant
pas esté donné à nostre grand LOVIS
pour les actions purement naturelles & morales, mais aussi, voire principalement pour celles qui regardoient, & sa pieté enuers Dieu, &
son zele vers l'Eglise. En vn mot,
pour les exemples de Charité parfaite qu'il donnoit à tous ses suiets ;
personne ne trouuera à redire, que
i'aye asseuré, qu'il n'a pas seulement
esté reuestu de toutes les Vertus humaines & morales, mais orné de
toutes les diuines & surnaturelles, &
toutes renfermées en ce tiltre de

IVSTE. *Dites au Iuste qu'il a bien fait, &c.*

Mais comme le Soleil ne se fait remarquer que par ses rayons, l'arbre que par ses fruicts, & la source que par ses eaux ; de mesme nous ne sçaurions former vn meilleur & plus asseuré iugement de l'Eminence des vertus de nostre grand Prince, que par les actions merueilleuses qu'il en a fait voir par tout le cours de sa vie, & sur tout durant le temps de cette longue & opiniastre maladie, qu'il n'a finie que pour commencer son bon-heur, & le faire passer de la mort à l'immortalité, qui est vne descente facile au second poinct de ce discours.

II. POINCT.

POVR ce qui eſt des actions humaines & morales, (à fin qu'en vne ſi grande multitude ie ne confonde rien) ou elles ſont priuées & perſonnelles, ou elles ſont publiques & Royalles.

En la pratique des vnes & des autres, non ſeulement n'a il trouué perſonne qui l'ait ſurmonté, mais qui l'ait egalé, & fort peu qui en ayent approché.

Qui de tous ceux qui ont eu l'honneur d'eſtre proches de ſa perſonne n'a point admiré de voir qu'il s'appliquoit à tant de choſes, & toutes-fois qu'il excelloit en chacune auec tant d'Eminence, qu'on euſt

creu que toute sa vie il n'eust fait autre chose que de s'y exercer?

En quel Art ne l'a-on point veu
reüssir? Et ce sans Art & sans prece-
pte, par la seule bonté de sa nature.
Quelle science a il ignorée? Et ce
sans estude par infusion particuliere. Quelle vertu n'a-il point prac-
tiquée? Et ce sans artifice, par le
seul mouuement de sa volonté bien
reglée.

Certainement, tous ceux qui le
voyoient passer d'vne action à vne
autre, & d'vn employ à vn autre,
de la Peinture à la Musique, de celle-cy à l'art Militaire, où par l'adueu
des plus grands maistres du mestier,
il a excellé, non seulement par dessus tous les Roys, mais par dessus
tous les Capitaines de la terre, qui
l'entendoient iuger si judicieuse-
ment de l'eloquence des vns, & de

C iiii

la science des autres ; parler auec tant
de clarté des choses plus embroüil-
lées, s'expliquer si nettement sur les
affaires les plus embarassées ; rapporter si facilement les choses les
plus cachées dans les replis & l'obscurité des siecles passez, & les donner en exemples de celles qui se
deuoient pratiquer dans la rencontre des affaires plus importantes &
plus espineuses, soit pour la paix,
soit pour la guerre : tous ceux dis-ie,
qui le voyoient passer à tant de dif-
ferentes occupations, auec pareille
vigueur, & reüssir en toutes si heureusement, eussent iuré sans doute,
qu'il auoit autant d'ames que d'emplois, dont l'vne se reposoit cependant que l'autre estoit dans le trauail : ou plustost, que semblable à
ces intelligences celestes qui font
rouler les Cieux, selon l'opinion

d'Ariſtote, il faiſoit mouuoir tout
le globe de cette Monarchie, ſans ſe
repoſer, ny ſans ſe laſſer.

Pour encherir encore par deſſus
luy, diſons que comme Dieu, dont
il eſtoit l'Image plus expreſſe, ſa
principale action eſtoit de n'eſtre
iamais ſans action, & toute ſa vie
vne prattique continuelle des plus
belles vertus qui releuent vne ame,
& la rendent digne de l'immortalité.

On ne trouue point qu'il ait iamais nourry dans ſon ame aucune
pointe d'emulation, ſi ce n'a eſté
pour les Vertus, en aucune deſquel-
les il n'a veu exceller perſonne, qu'il
ne ſe ſoit porté à l'imiter, & trauaillé
à le ſurmonter.

Mais ſur tout rendoit-il des ſoings
particuliers à cultiuer celles qui
eſtoient propres de ſa condition, &

qui deuoient seruir d'ornement à la dignité Royale, pour laquelle Dieu l'auoit fait naistre, & à laquelle sa prouidence l'auoit preparé par vne si belle naissance, & par tant de vertus, dont il auoit ietté les semences en son Ame, au point mesme de sa creation.

Entre les vertus Royales, ces cinq sont particulierement remarquables, la Sagesse, la Vigilance, le Courage, la Clemence, & la Iustice.

La Sagesse dans les conseils, la Vigilance dans les Executions, le Courage dans les perils, la Clemence en l'vsage de la Victoire & au pardon des ennemis, & la Iustice dans la Police de ses Estats & le gouuernement de ses peuples.

Platon desiroit pour le bon-heur des Republiques, que ses Philoso-

phes regnaffent, ou que les Roys
Philofophaffent, fans doute qu'il
entendoit parler particulierement
de la fcience de gouuerner les Eftats,
en laquelle noftre Grand Lovis, a
tellement excellé, que ça efté vn
Original qui n'auoit iamais eu de
modele, & dont difficilement pour-
ra-on tirer des coppies à l'aduenir;
Bref que Dieu auoit formé de fa
main à la gloire de noftre fiecle, la
honte des paffez, & l'eftonnement
de tous ceux qui nous fuiuront.

Ce feroit faire tort au merite de
ce Grand Prince, d'attribuer à la fa-
talité ou au hazard tant de merueilles qu'il a fait voir durant fon
Regne, & qui trouuera fans doute
dans les Efprits de la pofterité beaucoup plus d'admiration que de
croyance. Vne ame fi prudente &
fi arreftée ne fe laiffoit point regir

par vne gouuernante si folle & si in-
constante! Où le Conseil & la Prudence regnent, comme en nostre
LOVIS, la fortune & le d'estin
n'ont point de lieu.

Ie le tiens de la bouche de ceux
qui auoient la plus grand part dans
ses Conseils, & à qui il auoit confié
le principal soin de ses affaires, qu'en
toutes les plus importantes & plus
difficiles à resoudre & à executer,
qui se presentoient deuant luy en
son conseil plus estroit, nul ne les
penetroit auec plus de lumiere, n'en
iugeoit auec plus de solidité, & ne
trouuoit auec tant de facilité tous
les secrets & les moyens de les faire
reüssir comme ce Prince incomparable, qu'ils recognoissoient tous
pour la souueraine intelligence de
cét Estat, & par consequent doüé
d'vne lumiere toute autre, que ceux

qu'il appelloit aupres de soy pour le
conseiller, & dont il ne se seruoit,
que comme Dieu des causes secondes, c'est à dire, sans necessité; ce qui
luy faisoit iustement emporter sur
la vanité d'Alexandre, la gloire de
n'estre pas moins grand dans le conseil, que dans la guerre.

S'il a eu ce bon-heur d'auoir aupres de soy de grands & sages Con-
seillers durant son regne, ç'a esté vn
nouuel effect de sa sagesse, qui les a
sceu cognoistre auant que les choisir, & ne les a pas choisi pour les
cognoistre : Et comme les effects
des causes secondes sont rapportées
à la premiere, & seruent à magnifier
sa grandeur par l'excellence de leurs
ouurages, pour lesquelles elle les a
disposées, leur donne la main & leur
preste son concours; de mesme tout
ce qui a esté, ou sagement resolu, ou

heureusement exécuté par tous ceux
que ce Prince employoit dans ses
conseils & dans ses affaires redonde
à la gloire de sa sagesse, qui les a sceu
si bien choisir, & si iudicieusement
ranger, leur donnant des emplois
selon la portée de leur esprit & la
puissance de leur genie.

Et tout ainsi que les Planetes qui
enuironnent le Soleil, versent bien
auec luy leurs vertus sur ce bas monde, mais en telle sorte pourtant que
la principale influence deriue tou-
iours du Soleil; de mesme, bien que
le Roy aggreast, que ceux qu'il faisoit l'honneur d'appeller dans ses
conseils, donnassent leur aduis, &
apportassent leurs lumieres particulieres pour l'esclaircissement des affaires qui se presentoient, soit pour
la paix, soit pour la guerre; neantmoins, il est certain que la princi-

palé lumiere demeuroit en sa personne, qui les eschauffoit tous par
sa vigueur, & donnoit par ses rayons
la vie & le mouuement à toute cette
grande Monarchie, se reseruant par
tout l'honneur des resolutions, plus
encore par préeminence d'esprit,
que de dignité.

Et s'il a esté bien seruy & obey,
comme l'experience l'a fait assez cognoistre, ç'a esté encore vn effect de
sa sagesse; c'est à dire, de ce qu'il a
sceu sagement commander : ce qui
a rendu la France heureuse par le
beau partage entre ce Prince & ses
suiets, le sage commandement de
l'vn, & la parfaitte obeissance des
autres.

Pour abbreger, la sagesse de ce
Prince a tellement esté recogneuë
& admirée, qu'on a eu lieu de dire
qu'elle estoit trop grande, pour

n'estre seulement employée qu'au
gouuernement de la France, ou que
la France le deuoit changer en lumiere.

Sa Vigilance a esté hors d'exemple, qui luy desroboit souuent le
repos, pour nous en donner, &
qui semblable aux Astres, qui tirent
la gloire de leurs mouuements, par
lesquels ils portent leurs influences
sur les diuerses parties de ce bas
monde, l'a fait souuent passer comme vn esclair d'vne extremité de
son Royaume à l'autre, pour appaiser les troubles, & restablir la paix
& concorde par sa presence ; voire
l'a fait entrer plusieurs fois dans les
terres de ses ennemis, ou pour empescher qu'ils n'entreprissent sur ses
Estats, ou pour secourir ses Alliés,
& generalement pour faire recognoistre par tout, tant aux François,

qu'aux

qu'aux Estrangers, par cette infati-
gable actiuité, que sa nature estoit
toute celeste.

Qu'aurois-ie à dire de sa Valeur,
qui ne soit cognu de tout le monde,
& dont les histoires ne soient rem-
plies ? Tout ce que i'en puis dire,
c'est ce que disoit Cassiodore, que
son enfance a esté fort courte, qu'en
luy elle a esté en fleur, lors qu'aux
autres elle n'estoit qu'en bouton, &
a porté des fruicts, lors qu'à peine
la iugeoit-on capable d'auoir des
fleurs ; qu'il n'a pas plustost porté
l'espee au costé pour la bien-seance,
qu'il l'a euë en main pour appaiser
les troubles qui luy furent suscitées
quasi dés son premier aduenement
à la Couronne, & que ce Prince bel-
liqueux en toutes les guerres qu'il a
faites en personnes, n'a point eu de
plus grand ennemy que son propre

courage, qui souuent luy ostoit la
veuë des dangers, où souuent il ex-
posoit sa personne sacrée, pour en
preseruer les siens.

Dequoy, sans en rechercher d'autres exemples, le passage de Riés en
est vn authentique, & qui ne peut
estre debattu : où l'on peut dire qu'il
braua le feu & les eaux, & dans l'ardeur de son courage, sans beaucoup
de consultation executa vn dessein,
qui non seulement estoit iugé par
tous les Chefs de son armée plein de
peril, mais au dessus de la hardiesse,
& des forces des plus resolus, tant
pour le traiect de la riuiere tres-dan-
gereuse, que pour la grande resistance qu'il deuoit rencontrer, des
ennemis tres-preparez à luy disputer
ce passage.

Il est vray, que tant de hautes &
esclatantes actions, si hardiment

entreprises, & si heureusement executées par le Grand HENRY, nous
auoient donné lieu de croire, que
rien ne se pouuoit adiouster à la
gloire, & au bon-heur de ce Prince;
& sans doute, nous serions encore
dans le mesme sentiment, si luy-
mesme n'eust fait naistre vn fils, qui
est nostre inuincible LOVYS, qui a
autant surmonté en valeur & en
prosperité, que luy auoit surpassé
tous les autres; Aussi peut-on dire,
que le Couronnement des Armes
du premier, n'a esté que comme le
rudiment & l'apprentissage de celles
du second, que le Ciel sembloit
auoir destiné pour mettre à fin dés
sa ieunesse, ce que l'autre n'auoit osé
tenter apres vne experience consommée.

Sans que ie m'estende à parler de
ses premiers Exploits, & des diuerses

D ij

ligues, qu'il diſſipa par ſa preſence,
& par ſa vigilance, quaſi dés ſon aduenement à la Couronne, la ſeule
Rochelle merite d'eſtre appellée en
teſmoignage de cette force indom-
ptable de noſtre Grand LOVYS,
cette ville mutine & ſourcilleuſe, qui
a touſiours ſeruy d'Arſenac à la rebellion, de baſtion à l'hereſie, & de
retraitte à tous les meſcontens &
mal affectionnez au Roy & à ſon
Eſtat, ou pluſtoſt, qui faiſoit elle
meſme vn Eſtat dans ſon Eſtat, &
vne Republique dans ſa Monarchie : qui ſe glorifioit d'auoir fait
teſte à quatre de nos Roys, & qui
croiſſant en ſon inſolence ſe van-
toit que le Grand HENRY ne l'a-
uoit oſé attaquer, parce qu'il auoit
craint de ne la pouuoir prendre, en
fin cette Rochelle, dis-ie, s'eſt veuë
contrainte de ceder au bon-heur, &

à la valeur de noſtre incomparable
Monarque : ſes baſtions luy ont
eſté inutiles : cette porte au ſecours eſtranger luy a eſté fermée par
vne inuention auſſi rare que glorieuſe à ſes autheurs ; ſans canon,
& ſans perte d'hommes , il a fal-
lu qu'elle ait ouuert ſes portes , re-
noncé à cette liberté effrenée, qui la
rendoit criminelle de rebellion , &
ſuby le ioug trop doux & honno-
rable (ſi elle l'a bien ſceu conſiderer)
de ſon Roy legitime, & d'vn Roy
egalement vaillant & debonnaire,
qui ſçauoit auſſi bien dompter les
corps par ſa valeur, que gagner les
cœurs par ſa clemence, & aduoüer
à ſa honte, mais pour ſon bon-heur,
que rien ne reſiſte aux armes de ce
Prince, & que tous les conſeils de
factions s'eſuanoüiſſent deuant les

D iij

yeux d'vne si sage & clair-voyante
intelligence.

Il en faut dire autant de Montau-
ban, qui enflée de ses premiers succés se croyoit imprenable, par-ce
qu'elle n'auoit pas encore esté prise
par ce Prince, qui cherchoit de la
sauuer plustost que de la perdre,
mais qui en fin renduë sage par l'e-
xemple de l'autre, & recognoissant
qu'il n'y auoit ny bastion, ny rem-
part, qui peust tenir ferme contre
la puissance & la valeur de nostre
Roy, d'elle mesme, sans attendre,
comme l'autre la dernier extremité,
a ouuert les portes de ses murailles
& de son cœur, pour receuoir en
son nom celuy a qui il auoit lors
confie la principale authorité dans
ses affaires, & protester qu'ils vouloient viure & mourir a l'aduenir

fous les loix, & dans la fidelle obeïſ-
fance de leur ſouuerain, qui également clement & courageux, ne deſ-
ſiroit dompter leur felonnie, que
pour ſauuer leurs perſonnes, & les
tirer du crime de rebellion, pour
les mettre, comme ſes autres ſuiets,
ſouz la protection & doux Empire
de leur Roy legitime.

Ie laiſſe aux hiſtoriens, qui ne ſe
ſont pas eſpargnez à rapporter tous
les autres ſuccés de ſes armes, & les
merueilles de ſa valeur; parce que ie
ne fais pas icy l'hiſtoire entiere de ſa
vie : Il ſuffit que ie die, qu'en ſuite de
la reduction de ces deux places, qui
ſeruoient de bouleuard à la rebellion, toutes les autres villes du Lan-
guedoc, qui trempoient dans le
meſme crime, r'entrerent en leur
deuoir.

Et que ce Prince, non content d'a-

uoir pacifié son Royaume, & abbatu le monstre de faction, qui l'auoit
trauaillé si long-temps, passa deux
fois en l'Italie pour secourir ses Alliez, où il cueillit des palmes, aussi
bien durant les ardeurs de l'Esté,
que pendant les glaces de l'hyuer, se
saisit du Pas de Suze, prit Pignerol,
entra dans la Sauoye, & fit secourir
cette fameuse & importante place
de Cazal, qui deuoit couronner
tous les exploits de ce renommé
Capitaine, le Marquis d'Espignola,
& qui fut le tombeau de sa personne & de sa gloire, par la valeur &
le courage de ceux qu'il choisit
pour vn employ si difficile, mais si
auantageux à ses desseins, & si
glorieux à la reputation de ses
armes.

Le mesme bon-heur a suiui tou-
tes les autres entreprises qu'il a faites

pour abbatre l'orgueil des ennemis communs de la France, & estouffer les factions qui se formoient dans son Estat.

Nancy fut des premiers, & plus admirables effets de sa valeur, & de sa conduite, que luy-mesme assiegea en personne, & dont la reddition luy amena en suite toute la Lorraine, & vne grande partie de l'Alsace, & luy ouurit le passage du Rhein, pour entrer dans l'Allemagne, & y planter les fleurs de Lys aux lieux mesmes, où auparauant les Aigles auoient esté arborées.

Ce ne fut pas vn moindre effet de sa Vigilance & de son courage, lorsqu'ayant éuenté les desseins de ses ennemis, qui tendoient à nous diuiser de nos Alliés, pour nous affoiblir, & les faisoit rechercher de paix, ou du moins de tréues, pour

se ietter sur nous en suite auec toutes leurs forces, il les preuint, &
ayant affermi les alliances anciennes
des Holandois & Suedois, que le
mal-heur des temps rendoient ne-
cessaires, pour empescher l'inua-
sion, dont ils menaçoient tous leurs
voisins, leur porta la guerre si
auant dans le sein, & par tant d'endroits, que cette puissance qui
s'estant renduë redoutable par tout,
commença a apprehender pour
soy-mesme, & cét Estat qui sembloit deuoir engloutir tous les autres, tellement affoibly & ruiné par
le souleuement des Royaumes, &
Prouinces entieres, & la prise de ses
principalles villes, Hesdin, Arras,
Bapaume, l'Andrecy du costé de la
Picardie, Perpignan, Colioure, &
generalement tout le Roussillon,
du costé de l'Espagne, qu'il semble,

que sans s'opiniastrer à sa ruine il ait
autant de besoing de nous rechercher de paix, comme nostre grande
& genereuse Reyne aura de bonté
à la leur accorder pour le repos de la
Chrestienté & le soulagement particulier de ses peuples.

Voila pour sa valeur, sur laquelle ie n'ose d'auantage m'estendre,
pour ne faire apres sa mort, ce que sa
modestie n'eust pû souffrir durant sa
vie ; estant certain qu'vn combat
luy estoit moins à charge que d'en
entendre le discours ; & que l'oüir
dire, luy eust semblé auoir osté la
grace de l'auoir fait. Il ne vouloit
non plus laisser aux mains des Mu-
ses la charge de peindre les coups de
la main de Mars, qu'aux Peintres de
crayonner les esclairs & la roideur
du foudre. Comme il estoit prompt
& laconique aux effets de son

courage, faifant beaucoup d'exploits en peu de temps: auffi defiroit
il qu'on fuft court en paroles pour
les rapporter, & fe contentoit que
ceux qui verroient fon tombeau
apres fa mort, y peuffent remarquer la grandeur de fes faits par ce
petit abregé; Ie fuis venu, i'ay veu,
i'ay vaincu.

L'amour extreme que chacun
fçait que i'ay toufiours euë pour ce
grand Prince, & plus aimable Maiftre, me pourroit peut-eftre rendre
fufpect de flatterie; mais la voix publicque de tous ceux qui ont efté
tefmoins oculaires de fa valeur &
de fon courage, leueta le foupçon, &
obligera d'aduoüer, que fi i'ay peché en ce Prince, ç'a efté pour moins
dire que ie ne deuois, & que mes
paroles ont manqué tout enfemble en mon affection, & au merite

en mon fujet. Et ie loüé Dieu, de
ce qu'en cette partie de mon Panegyrique i'aye tenu l'Europe pour
tefmoing de ce que la pofterité re-
ceura, comme vn miracle, & que ie
ne pafferay point pour flatteur, en
publiant qu'il s'eft acquis, non feulement par le fuffrage de fes amis &
feruiteurs, mais par l'adueu mefme
de fes ennemis le tiltre d'Inuincible
& toufiours Triomphant.

Mais, comme i'ay defia marqué, ce
courage fans peur, eftoit accompa-
gné d'vne clemence du tout finguliere, qui luy faifoit adioufter aux
corps domptez par fa valeur les
cœurs admirans fa bonté, non
moins victorieufe que fa force.

Le courage fans Clemence eft
brutalité; la clemence fans courage
ftupidité; l'vnion des deux enfemble rend l'homme parfaict, & vne

grande valeur n'est iamais appuyée
que sur le fonds d'vne grande clemence.

Les cheutes des grandes eaux, &
les torrens impetueux, pour tomber
de plus haut, & faire plus de bruit,
n'en sont pas plus profonds , & en
suite ne portent pas de basteaux : si
font bien les fleuues qui coulét doucement dedans leur lict : de mesme
les esprits violents & farouches, qui
n'esclattent que des menaces & n'e-
xercent que des executions de iustice & de seuerité, n'ont pas d'ordinaire, ny tant de fond de courage,
ny tant de force pour soustenir le
faix des grandes affaires , comme
ceux qui se meuuent auec douceur,
& qui sçauent manier & gagner les
peuples par la clemence, veritable
marque de la force & generosité de
l'homme, puis qu'elle le rend victo-

rieux de soy-mesme, apres l'auoir
esté des autres, & dompté la plus
violente des passions, qui est celle
de la colere, à qui les ennemis n'a-
uoient pû resister.

Dieu proteste, qu'il ne se peut
resoudre à perdre Ephraim, mais
qu'il se sent porté à luy pardonner;
parce qu'il est Dieu : & le terme He-
breu ne marque pas la Diuinité sim-
plement, mais la force & la puissance de la Diuinité : pour dire, que la
plus grande marque de force est de
n'en point vser, quand on en a le
pouuoir, mais de la tenir par la clemence.

Ce n'est pas assez de dire que la
clemence soit la Vertu des forts, elle
est le propre des Roys, & tient mesme de la Diuinité.

Les loix permettent à chaque particulier de rechercher la reparation

des offences qu'il a receuës par les
voyes de la Iuſtice : Il n'appartient
qu'aux Roys & Souuerains de faire
grace.

Saul commença a eſtre perſuadé,
que Dieu auoit choiſi Dauid pour
ſucceder à ſa Couronne, par l'acte
de clemence, dont il vſa en ſon endroit, lorſque le tenant en ſon pouuoir, & luy pouuant oſter la vie, il
s'eſtoit contenté de luy coupper vn
petit bout de ſon manteau : *A preſent, luy dit-il, ie cognois aſſeurément
que vous deuez regner, & tenir le Sceptre d'Iſrael en voſtre main* : & neantmoins cette cójecture ſembloit fort
eſloignée des apparences humaines,
parce que lors Dauid eſtoit errant &
fugitif, il n'ol'a pû fonder que ſur cét
acte de clemence qu'il venoit d'exercer en ſon endroit, & qui ne pouuoit
partir que d'vne ame Royale.

Et

Et le mesme Dauid, conseillé de
de chastier Simei, qui auoit vomy
contre luy mille sales & attroces in-
jures, lors qu'il sortit de Hierusalem,
fuyant deuant la face d'Absalon, re-
jette ce conseil, comme contraire
à la dignité Royale, à laquelle il
auoit pleu à Dieu de l'esleuer. *Il
me seroit bien honteux, respondit-il,
de faire mourir personne, puis que
ie sçay que Dieu m'a estably pour
Roy dessus son peuple, & que la douceur & la Royauté ne se doiuent
iamais separer.*

Que si les Roys sont appellés
les Images de Dieu en terre, c'est
principalement à cause de la Clemence, qui n'est pas seulement vne
Vertu Royalle, mais qui tient de
la Diuinité.

Lors que le Fils de Dieu en sa
Passion parle pour soy-mesme, il

E

s'addreſſe à Dieu , comme Dieu,
c'eſt à dire, comme Maiſtre & Souuerain des creatures, *Mon Dieu,
mon Dieu,* luy dit il, *pourquoy m'a-
ués-vous delaiſſé ?* Mais lors qu'il
prie pour ſes ennemis, qui eſt le plus
remarquable effect de ſa clemence,
il parle à Dieu, comme à ſon Pere;
pour nous faire voir que cette vertu
de pardonner aux ennemis, paſſoit
la condition humaine , & tenoit,
comme i'ay dit, de la Diuinité.

Et effet, de trois choſes qui ſont
ſouueraines en Dieu, l'Eternité de
la vie, l'Eſtenduë du pouuoir, & la
Volonté de bien faire; il n'y a proprement qu'en cette derniere , où
nous puiſſions acquerir vne veritable reſſemblance auec Dieu. Car de
pretendre à l'Eternité de ſa vie, &
de ſe promettre vn pouuoir égal au
ſien, cela ne peut, ny ne doit tom-

ber souz la pensée : mais nous le
pouuons imiter en la volonté de
bien faire, & de pardonner aux ennemis, qui est le principal effet de
la clemence. Vertu de nostre Incomparable LOVYS, le plus fort
& genereux des hommes, le plus
grand des Roys de la terre, & l'I-
mage la plus expresse de Dieu, qui
regne dans le Ciel.

I'en appelle en tesmoignage, non
les particuliers seulement, mais les
Villes & Communautez toutes
entieres, à qui souuent il a fait ressentir les effets de sa clemence, lors
qu'il estoit sur le point de les chastier en son courroux, iustement
prouocqué par leur felonnie, &
qu'il n'a combattus, que par eux-
mesmes, ny vaincus, que pour les
sauuer, ne s'estant en effet seruy de
ses victoires, que pour changer les

noms d'ennemis & rebelles en ceux
de ses enfants, & de son peuple:
Bref, qui n'a iamais veu le repentir
seulement en apparence, qu'il n'ait
accordé le pardon en effet.

Mais comme la sagesse estoit la
gouuernante de toutes ses actions,
de peur que les pardons de la Clemence n'ouurissent la porte aux
crimes sur l'esperance d'impunité,
ou que sa trop-grande bonté ne
diminuast quelque chose du respect qui estoit deu à sa Maiesté
Royalle, il faisoit vn temperament
si agreable de la seuerité de sa Iustice, & de la douceur de sa debonnai-
reté, que la Iustice retenoit les plus
audacieux dans la crainte & le respect qui estoient deus à son authorité, pendant qu'il s'acqueroit les
cœurs mieux nés par les charmes de
sa bonté naturelle.

Comme bon, il eſtoit prompt a accorder ce qu'on luy demandoit : mais comme Iuſte & jaloux de ſon authorité, il auoit peine de ſouffrir les demandes deſraiſonnables & inconſiderées, ou qu'il ne pouuoit pas, ou qu'il ne deuoit pas accorder: Comme auſſi eſt-ce vne des ten-dreſſes de la Royauté, de ne vouloir point eſtre preſſée aux choſes auſ-quelles elle ne peut conſentir, ſans bleſſer ſon authorité, ou faire voir voir ſon impuiſſance : n'eſtant pas moins ialouſe d'entretenir la crean-ce de l'vne & de l'autre, comme celle de ſa bonté & liberalité: ce qui oblige quelquesfois vn Prince, non ſeulement à refuſer les demandes iniuſtes, mais à vſer de ſa iuſtice, pour arreſter le cours du mal con-tre le mouuement de ſa bonté, qui ne ſe porte qu'à bien faire, lors qu'il cognoiſt, que cette facilité de tout octroyer, & de tout pardonner, donne la liberté d'importuner, & de mal-faire ; & en ce dernier, oſte aux bons le moyen d'aſſeurer leur inocence : eſtant certain qu'vne telle indulgence eſt vne extreme cruauté ; qu'il faut quelquesfois paroiſtre ſeuere, pour eſtre pitoyable, & en chaſtier quelquesvns pour en ſauuer pluſieurs autres.

C'eſtoit la maxime de noſtre ſage & IVSTE Monarque. En quoy il paroiſſoit, ce qu'il eſtoit en effect, vne parfaite & entiere Image de la Diuinité, qui a conioint admirablement enſemble ces deux mouuements, qui ſemblent ſi contraires en leurs effets, la clemence qui incline au pardon, & la iuſtice qui porte au chaſtiment des crimes ;

tantost il se compare à la Palme [a] in-
flexible, ce qui regarde la Iustice:
quelquefois à l'Oliue, [b] qui est pour
sa douceur, symbole de la clemence:
d'où vient que Dauid prend pour
suiet de l'vn de ses Cantiques l'heureuse liaison des deux [c]: Il dit ailleurs,
& asseure, que toutes les voyes de
Dieu, [d] ne sont que misericorde &
iustice: qu'elles viennent continuel
lement au rencontre, & s'embras-
sent si estroittement, [e] qu'elles ne se
veulent iamais separer, l'vne qui
retient dans la crainte, & l'autre qui
entretient l'amour.

Cette grande Politique, mais
peu religieuse Princesse, Elizabeth
Reyne d'Angleterre, ne pouuoit
souffrir que pour magnifier la clemence on voulust abolir l'authorité
des loix, ou elongner la crainte de
la iustice, & toutes les reparties pour

la iuftice contre la trop grande douceur luy venoient fans peine à la
bouche ; fi on luy difoit, que le
Prince qui regne feuerement, ne regne pas longuement, elle adiou-
ftoit auffi toft, que le Prince qui
regne trop doucement ne regne pas
feurement : fi on luy propofoit, que
la plus grande victoire eftoit de fe
vaincre foy-mefme, elle repartoit,
que la plus feure eftoit de fe defendre des ingrats, qui ne pouuoient
eftre ramenez à leur deuoir, ny par
par l'authorité des loix, ny par les
attraits de la clemence : fi en fin on
luy remonftroit, que la multitude
des foldats, & les diuers genres de
fupplices n'eftoient rien pour la feu-
reté des Princes, à l'egal de la bien-
vueillance des peuples, qui s'acquiert
par la bonté, elle repliquoit incontinent, que tous ne fe laiffoient pas

gagner par la douceur, qu'il estoit
necessaire d'y adiouster souuent &
la force des armes, & les chastimens
de la iustice, qui est vne maxime
d'Estat fort asseurée, & que nostre
grand Prince a sceu mieux pratiquer
qu'aucun autre Roy & Souuerain
de la terre.

Mais à dire la verité, en cela dif-
feroit-il de cette Reyne d'Angleterre, que celle-cy estoit beaucoup plus
portée à la seuerité qu'à la clemence,
& aux chastimens qu'au pardon:
au lieu que les mouuemens de nostre LOVYS, estoient incomparablement plus naturels, & en suite
plus prompts à bien-faire, que ceux
de sa iustice à chastier. Iugeant affez, que comme l'Oliue qui coule
d'elle-mesme des Oliuiers, estoit
plus estimée, que celle qui estoit
espreinte dans le pressoir; ainsi que

les affections des peuples gagnées
par la clemence, estoient beaucoup
plus aggreables & estimables, que
les respects & les obeissances qui se
rendoient par la terreur des menaces & la seuerité des chastimens de
la Iustice.

En quoy il imitoit encore son
prototype, qui est Dieu, lequel se
plaist autant à faire grace, qu'il a de
peine à chastier.

Aussi appelle-il le premier, son
ouurage; parce qu'il en tire le motif
de luy-mesme, c'est à dire, de sa
misericorde bien-faisante : & le second, vn ouurage bastard & estran-
ger de luy; parce qu'il ne prend pas
de luy-mesme le motif de punir,
mais de nos crimes. Ce que les
Poëtes parmy leurs fictions, ont
voulu declarar, quand ils ont feint
que leur Iupiter pour faire du bien

*Miseri-
cordia
Opus
eius.*

*Facit
alienum
opus. ab
eo.*

aux hommes ne prenoit conseil de personne ; mais que pour punir il assembloit le conseil de tous les Dieux : comme si la sagesse mesme diuine eut eu crainte d'estre surprise & de se mesprendre, lors qu'il s'agissoit des chastimens ; & qu'elle n'eust eu de mouuement que pour la Clemence.

Ces pensées remplissans l'Esprit de nostre Lovis, le faisoient bien vser de la seuerité de la Iustice, lors que la necessité de maintenir son authorité, & d'arrester le cours des desreglemens dans son Estat l'y obligeoient : mais il est vray, que son inclination panchoit tousiours du costé de la Clemence : que comme Dieu, il ne se courouçoit iamais, qu'il ne pensast aussi-tost à sa misericorde ; & (comme luy-mesme l'a asseuré à des personnes di-

Cùm iratus fueris, misericordiæ recordaberis.

gnés de foy durant sa derniere maladie) il n'a iamais chastié personne,
soit de prison, soit de mort, qu'a-
uec des tres-grands sentimens de
regret & douleur, qui luy faisoient
souuent prononcer auec Dieu par
la bouche de l'vn de ses Prophe-
tes. Helas! Faut-il que ie me conso-
le en la vengeance de mes ennemis?
Soit qu'ils le fussent en effet, ou
que des raisons d'Estat luy fissent
croire: & quand il l'a fait, ce n'a
iamais esté de son mouuement
propre, mais par l'aduis de son
Conseil: Car de soy en ce qui regarde la Iustice punitiue, il se por-
toit à imiter le Soleil, qui va d'autant plus lentement qu'il est plus
haut eleué: & disoit, que les chastimens des Grands Princes deuoient estre comme les esclats du
tonnerre & les eslancemens du

foudre, qui en frappent peu, & en
estonnent beaucoup.

Voila pour les vertus Morales,
soit priuées, soit publiques. Que
n'aurois ie à dire des surnaturelles
& diuines, qu'on luy a veu practi-
quer durant le cours de sa vie, & en
sa mort, si la crainte d'estendre
trop ce discours ne m'obligeoit à
l'abbreger?

Sa Pieté, qui est le fondement
de toutes les vertus Chrestiennes a
esté recognuë & admirée de tout le
monde, par laquelle donnant son
cœur à Dieu, il receuoit de sa main
les cœurs de tous ses peuples, s'acqueroit sur eux vn Empire de felicité, & se frayoit le chemin à la fe-
felicité de l'Empire eternel, que
nous sommes pieusement persua-
dez qu'il possede maintenant dans
le Ciel.

Pieté, par laquelle reglant sa volonté & moderant sa puissance, il
se rendoit subiet à Dieu en toutes
choses. Et Dieu faisoit en suite,
que ses subiets d'eux-mesmes se
portoient à rendre honneur à son
nom, tendresse à sa personne, soub-
mission à ses loix, & obeissance à
ses paroles. Bref Dieu le benissoit
en son Royaume, par ce qu'il prenoit le soing de le faire seruir, &
le rendoit heureux à l'égal de son
zele.

Pieté, qui luy faisant donner
l'Esprit aux inspirations de Dieu,
& l'oreille à ses paroles, tenoit son
cœur au milieu des delices de la terre, comme vne plante genereuse
qui se dressoit tousiours vers le Ciel,
auquel elle estendoit ses pensées,
comme les fleurs, ses paroles comme les fueilles, & ses actions com-

me les fruicts ; Bref, qui regardant
touſiours le Ciel, ſe rendoit digne
d'eſtre tranſplanté dans le Ciel.

Cette Pieté n'eſtant pas vne vertu
particuliere, mais la racine de toutes
les autres, auoit produit en luy autant de branches, comme il y auoit
de Vertus Chreſtiennes dont ſon
ame eſtoit reueſtuë, & dont elle
produiſoit continuellement les
actions : les vnes ſe tournoient
droit en haut, & regardoient Dieu
en luy-meſme, comme ſon amour
qui produiſoit vne douce confiance
en ſa bonté, vne crainte filiale de
luy deſplaire, & vne ſaincte douleur
de l'auoir offencé.

Les autres ſe recourboient en
bas, & regardoient les creatures
qu'il aimoit pour l'amour de Dieu,
& dont-il taſchoit de procurer le
ſalut pour la gloire de Dieu, qu'il

aimoit par deſſus toutes choſes.

Mais entreprenant de parler des
actions de toutes ſes vertus, ie ne
voy pas que ie me taille vne matiere
infinie ; où ie m'engage neantmoins
ſi doucement & inſenſiblement,
que ie n'auray pas peu de peine à
m'en retirer ; par ce que la volonté
meſme de le faire me manque : &
cette occupation ſeroit des-ia con-
cluë en mon Eſprit, par la ſatisfa-
ction que ie prends de rappeller par
ma memoire tant d'actions de Pieté
& de Vertus Chreſtiennes, que
toute la France luy a veu pratiquer ;
ſi ie ne ſçauois que tout ce que i'en
pourray icy rapporter ſera infinie-
ment au deſſous de ce qui en eſt creu
de tout le monde, & qui ſe peut aiſément iuger par la lecture de ce Bre-
uiaire Royal qu'il a luy-meſme
dreſſé auec tant de ſoing & d'art,
que

que ceux qui n'auront iamais eu
l'honneur de l'approcher, auront
peine à croire, qu'il soit parti du genie & de la main d'vn Prince si occupé, & diuerti en des affaires si importantes, comme celles qu'il auoit
sur les bras, & me voudront peut-
estre attribuer iniustement vne gloire qui ne m'appartient point du
tout, & où ie n'ay autre part, que
d'auoir veu & corrigé les fueilles
qui sortoient de l'impression par la
commission qu'il m'auoit fait
l'honneur de m'en donner : Mais
que ceux au contraire qui auront
eu cét honneur d'estre proches de
sa Maiesté, quelquesfois iugeront
n'auoir pû sortir que de son Esprit,
le plus inuentif, le plus exact, & le
plus attaché à toutes les choses, où il
s'appliquoit qui ait iamais esté, &
que son zele rendoit encore plus at-

tentif en cette ouurage, qui auoit
pour fin, la gloire de Dieu ; pour
suiet, ses loüanges, & pour motif,
l'edification des Ames & l'aduance-
ment de leur salut.

Mais pour venir au détail des
actions de sa Pieté, quel cœur a iamais esté plus enflammé de l'amour
de Dieu que le sien ? comme le tes-
moignoient assez les eslans extraordinaires de deuotion, qu'il faisoit
paroistre toutes les fois qu'il assi-
stoit au sainct Sacrifice de la Messe,
c'est à dire, tous les iours sans ob-
mission d'aucun, quelque affaire
qu'il ait pû auoir, & quelque infirmité qui l'eust pû abbatre, non pas
mesme durant le temps de cette
derniere & mortelle maladie, où il
ne s'est point detraqué vn iour de
cette saincte habitude qu'il auoit
dés si long-temps contractée, &

qui ne donnoit pas seulement preuue, mais seruoit à entretenir ses sentimens de tendresse & d'amour enuers Dieu : sans que ie parle de ses
recollections & retraittes qu'il faisoit à diuerses heures du iour dedans
son petit Oratoire, qu'il auoit luy-
mesme pris le soing d'orner & d'enrichir de tant de precieuses Reliques, que sa deuotion luy auoit fait
rechercher de tous costez, & pour
la recherche desquelles, il m'auoit
fait aussi l'honneur de m'employer ;
où espanchant son ame deuant
Dieu, il allumoit en elle chaque
fois de nouuelles flammes de son
amour, qui le brusloient sans le
consommer, comme le buisson ar-
dent de Moyse, & faisoient, que
comme S. Paul, estant encore en
terre, il conuersoit deja familiere-
ment dedans le Ciel.

F ij

De cét amour naissoit, comme i'ay dit, vne saincte & filiale confiance, qu'il prenoit en la bonté de Dieu, dont il auoit tiré tant d'experiences en toutes les rencontres de sa vie, ce qui faisoit qu'en toutes les guerres ciuiles & estrangeres qu'il a euës sur les bras, on ne l'a iamais veu s'appuyer, ny sur la multitude de ses soldats, ny sur son experience, ou de ses Chefs; quoy qu'en l'vne & en l'autre il eust peut-estre plus de raison de bien esperer de l'euenement de ses entreprises qu'aucun autre Prince de la terre : mais en la puissante protection du Dieu des armées, qu'il ne manquoit iamais d'inuoquer, auant que de rien entreprendre, comme le tesmoing & le Iuge de ses intentions, & le protecteur de la iustice de ses Armes. Il auoit souuent ce verset de Dauid en la bouche, & se plai-

soit de le faire chanter par ses Mu-
siciens ; *Mes ennemis esperent en
leurs cheuaux & en leurs chariots:
mais moy i'inuoque le nom du Seigneur.*
Et lors que Dieu luy auoit fait la
grace, ou de se rendre maistre de
quelque place, ou de remporter
quelque victoire sur ses ennemis,
au lieu de s'en donner la gloire, &
d'exalter la force de son bras, & la
puissance de ses armes, il en faisoit
chanter le *Te Deum* par toutes les
Eglises de son Royaume, en action
des graces à Dieu, qu'il recognois-
soit en son cœur, & vouloit estre
recogneu par tous ses suiets, pour
principal autheur de tous les bons
succés de ses entreprises, & n'auoit
rien de plus frequent en sa bouche
en ces heureux rencontres, que ces
autres versets de Dauid, qu'il auoit
si adroittement employez dans ses

Hi in curribus, & hi in equis : nos autẽ in nomine Domini inuocabimus.

Dextera Domini fecit virtutem, & ipse ad nihilum redegit inimicos nostros. Beatus vir, cuius est nomen Domini spes eius, & non respexit in vanitates & insanias falsas. Maledictus qui spem ponit in homine.

offices, C'est la droite du Seigneur qui a operé ces merueilles, en luy nous auons surmonté, & ç'a esté par sa puissance que les efforts de nos ennemis ont esté reduits au neant. Bien-heureux est celuy dont le Nom du Seigneur est l'esperance, & qui n'a point regardé les vanitez, & les folies mensongeres des hommes. Mal-heur à celuy qui fonde son espoir sur l'homme, c'est à dire, (comme luy-mesme le sçauoit fort bien inferer) ou sur soy-mesme, ou sur les autres : car, sur soy-mesme, c'est vn orgueil fort dangereux ; sur les autres, c'est vne humilité desreglee ; ny l'vn ny l'autre n'auance rien : l'orgueil perilleux precipite, & l'humilité desreglée ne sera iamais esleuée : le plus seur est s'attacher, comme il faisoit, à celuy qui est Dieu & homme tout ensemble, qui comme homme a esprouué

nos foibleſſes, & comme Dieu les
peut appuyer de ſa vertu, pour ope-
rer en nous les merueilles de ſa puiſſance.

Ces penſées eſtoient ſi profon-
dement enracinées dans ſon eſprit,
qu'il euſt eſté bien mal-aiſé de les en
arracher, parce qu'elles naiſſoient
en luy d'vne foy viue & vigoureuſe,
qui luy faiſoit embraſſer toutes les
veritez releuées ſans heſiter, & les
receuoir nonobſtant leur obſcurité
auec autant d'aſſeurance, que ſi
elles luy euſſent apparu auec toute
ſorte d'euidence.

Vn grand Prince mort, il y a
plus de quarante ans, mais qui vit
encor en la grandeur de ſes actions,
& en cette belle & genereuſe poſte-
rité qu'il a laiſſée, cogneu & cheri
dans la France, remarqué & admiré
dedans l'Empire, les delices des ſol-

F   iiij

dās Chrestiens, & la terreur des
ennemis de la foy, feu Monsieur le
Duc de Mercœur auoit pris pour
deuise; PLVS DE FOY QVE DE
VIE, parce qu'il auoit souuent exposé sa vie pour la defense de la Foy,
& cela iusques à la mort.

Ce qui fut si hautement releué
par ce digne & S. Prelat de l'Eglise
de Geneue, que ie ne puis nommer
sans honneur, puis que i'ay celuy
de porter son nom, & par sa bouche
mesme, ce fut en cette celebre
action qu'il prononça en l'Eglise de
nostre Dame de Paris en l'an 1602,
pour honnorer la memoire de ce
grand Prince, & se donner ouuerture de parler de sa valeur, & de
ses trauaux en toutes les guerres
qu'il a si heureusement executées
dedans les Allemagnes, contre les
ennemis du nom Chrestien,

Cette deuil semble mieux con-
uenir à nostre IVSTE & Grand
LOVYS : Premierement, parce
qu'il n'a pas moins esté prodigue
de sa vie pour le maintien de la Foy,
& le restablissement des Autels en
plusieurs lieux de son Royaume, où
ils auoient esté si long temps abatus
& desolez : Secondement, parce que
comme S. Paul, il n'auoit pas moins
perseueré en sa Foy, & en son zele,
iusques à la fin ; Tiercement, parce
qu'il est escrit specialemeent du Iuste qu'il vit de la Foy : Vie qu'il n'a
quittée, que pour trouuer l'immortalité, & foy qu'il n'a perduë que
pour acquerir la gloire, laquelle
pour estre toute dans la clarté & l'e-
uidence, ne souffre point les nuages
& l'obscurité de la foy : & pour estre
toute nuë & descouuerte n'admet
point le manteau, dont le Prophete

Elie estoit reuestu, qui estoit le
symbole de la Foy, & qu'il laissa
tomber en terre, lors qu'il fut esleué
au Ciel, où en effet rien ne se croit
plus, parce que tout ce void, & où
l'esperance est esloignée, parce que
la ioüissance est parfaite: Bref, la deuise, *Plus de Foy que de Vie*, est chan-
gée en ces autres incomparablement
plus heureuses, *Toute Vie, & plus de
mort: Toute venë & plus de Foy*: toute lumiere, nulles tenebres: toute
possession, nulle esperance: tout repos, nulle peine: toute paix & nulle
guerre: bref Dieu en toutes choses,
& toutes choses en Dieu, & pour
Dieu.

Et parce que cette foy qui l'assu-
roit de la bonté & puissance du Fils
de Dieu, qui estoient les deux pi-
uots de son esperance, luy donnoit
la mesme asseurance du credit de sa

mere aupres de luy, tant par le respect que les enfans sont naturelle-
ment portez à rendre à leurs meres,
que par le merite singulier de celle-
cy, la plus digne, & la plus eminente
de toutes les pures creatures ; aussi
nauoit-il pas vne petite confiance
en l'efficace de son intercession ;
qui luy fit conceuoir ce beau &
pieux dessein, qu'il voulut en suitte estre manifesté à tous les peuples de la terre, de mettre par vne
declaration publique, & sa personne-
ne, & son Royaume en la protection de cette Reyne du Ciel & de
la terre ; dessein qui a esté suiuy de
mille benedictions & tres-heureux
succés, qui ont remply nos cœurs
de ioye, & nos Ennemis d'estonne-
ment ; C'est pour sa pieté enuers
Dieu.

L'honneur de l'Eglise le touchoit

si fort, que si quelquesfois il estoit
obligé de consentir qu'elle souffrist
auec les autres Ordres du Royaume
quelques charges au preiudice de
ses priuileges, c'estoit auec autant
d'adoucissement, que la necessité
presente des affaires publiques le
pouuoit permettre, & ne perdoit
aucune occasion de l'en releuer, si
tost qu'il cognoissoit que cette necessité auoit pris fin, ou qu'il pouuoit estre secouru par d'autres
voyes.

Le mesme zele qu'il auoit tant
pour la gloire de Dieu, que pour
le bien de l'Eglise, luy faisoit rechercher, tant dans les chaires, que dans
les cloistres, les personnes qui vi-
uoient auec plus de reputation, de
probité & de science, pour les esleuer aux dignitez Episcopales, par
preference à ceux qui estoient d'vne

naiſſance plus Illuſtre, & d'vne plus
Eminente condition.

Et comme ſa plus grande ioye
eſtoit d'entendre dire, que ceux
qu'il auoit promeus à ces charges
s'en acquittaſſent dignement, &
auançaſſent la gloire de Dieu aux
lieux, où la prouidence Diuine les
auoit appellez par ſon Miniſtere:
Auſſi rien ne l'affligeoit d'auantage,
que lors qu'il apprenoit que quelques vns s'eſcartaſſent de leur deuoir, & que le ſeruice de Dieu fut
obmis par leur negligence, ou ſon
ſainct nom des-honoré par leur
mauuaiſe vie. A quoy il ne manquoit pas de pouruoir de toute ſa
puiſſance, en ſe ſeruant de l'authorité ſouueraine que Dieu luy auoit
mis entre les mains pour le faire
ſeruir.

Ce fut le meſme zele de la gloire

de Dieu, & de l'honneur de l'Eglise qui luy fit conceuoir ce grand deſſein, dont il rendit depoſitaire en ſa mort, cette Illuſtre & zelé Prelat, auec ordre d'en recommander l'execution à noſtre pieuſe Reyne, ſi toſt que l'Eſtat des affaires luy en donnera la commodité : ſçauoir de la reduction des deſuoyez au giron de l'Eglise ſans Armes & ſans violence, (qui ſont moyens peu propres à gaigner les eſprits) mais par vne douce & amiable conference de quelques vns de leur principaux Miniſtres auec quelques Docteurs, & Prelats plus celebres (entre leſquels, quoy que le moindre, il me faiſoit l'honneur de me donner rang) pour leur faire cognoiſtre la vanité de leur croyance, & les porter à deſabuſer ceux qu'ils auoient iuſqu'icy entretenus dedans l'erreur,

Monſeigneur l'Eueſque de Lyſieux.

afin, que comme durant son regne
la faction auoit esté abbatuë dedans
l'Estat, de mesme la pureté de la Religion se vid entierement restablie
dedans l'Eglise : dessein tres-glo-
rieux à la memoire de ce Prince, &
tres-meritoire deuant Dieu : mais
qu'auec beaucoup de douleur, nous
voyons vn peu esloigné par le triste
accident de sa mort, que nous nous
promettons pourtant que nostre
grande Reyne, portée de sa pieté &
de son zele ordinaire, n'abandon-
nera pas, mais donnera ses soings
pour le faire reüssir, si tost que la
disposition des affaires luy pourra
permettre, pour couronner les
grandes merueilles que toute la
France attend de sa Regence : sur
tout la chose estant déja assez auan-
cée, & ne manquant pas dans son
Royaume des personnes esgale-

ment zelées, & sçauantes pour y
trauailler auec succés.

Si ie voulois rapporter toutes
les autres Vertus Chrestiennes,
dont ce Prince, s'est monstré si religieux obseruateur, ie croy que i'aurois quasi aussi tost trouué la fin de
la iournée, voire de ma vie, que la
conclusion de ce discours.

Que ne dirois-ie pas de son humilité, d'autant plus remarquable,
que sa condition sembloit l'en es-
loigner.

C'est vn abus de croire, que l'humilité soit la vertu des petits : en eux
estre bas, n'est pas Vertu, mais necessité ; & quand ils voudroient s'esleuer, ils ne le pourroient pas ; C'est
proprement la Vertu des Grands
qui leur fait mespriser leur grandeur pour s'abaisser en la presence
de celuy, deuant qui en effet toute
gran-

grandeur n'est que bassesse, toute
puissance qu'infirmité, & tout estat & pompe qu'vne fumée qui
passe en vn moment, ou pour parler auec le plus sage des Roys vne
vanité toute pure, & la vanité des
vanitez : Bref, toutes les creatures
de petits atomes, & des neants deuant les yeux.

C'est vne grande & rare vertu,
dit S. Bernard, de ne se croire pas
grand, lors mesme qu'on fait des
choses grandes : estre obiect d'admiration aux autres, & de mespris à
soy-mesme ; en vn mot, auoir beaucoup de vertus, & s'en croire fort
denüé.

C'estoit l'humilité de nostre incomparable L o v y s. On ne m'ac-
cusera point de flatterie, si ie dis,
que iamais homme en vne vie beau-

G

coup plus longue que la sienne, n'a
fait tant, & de si grandes actions,
que celles qu'il a fait voir à nos
yeux, & dont il a eu autant d'ad-
mirateurs que de tesmoins, autant
de tesmoins, comme il y a d'hommes dans la France; & neantmoins
iamais personne ne s'en est moins
esleué, ny n'a plus tesmoigné d'apprehension de se mesprendre aux
choses mesmes, qui n'estoient pas
seulement dedans l'approbation,
mais dans l'admiration de tous ceux
qui en pouuoit iuger plus saine-
ment; ce qui faisoit qu'aux affaires
qu'il eust pû resoudre tout seul, il
estoit bien aise d'agir par conseil, &
receuoit auec vne douceur inexpli-
quable les aduis qui luy estoient
donnez par ceux mesmes qui se fussent tenus fort honorez de tenir

rang entre ſes diſciples, & euſſent
pri ſes reſolutions pour des oracles.

Sa condition, comme i'ay dit,
eſtoit trop eſleuee pour n'eſtre pas
remarquée ; & ſes actions auoient
trop d'eſclat pour eſtre dedans l'obſcurité : neantmoins dans ſon intention il demeuroit caché, & euſt
volontiers ſouhaité n'eſtre veu que
de Dieu, pour la gloire duquel il
trauailloit, & de la main duquel il
attendoit ſa recompenſe : & quoy
qu'il euſt l'eſprit plus clair-voyant
qu'aucun autre Roy, qui ait veſcu
auant luy, Dieu luy faiſoit cette
grace particuliere, qu'il ne s'en ſer-
uoit pas pour recognoiſtre les qualitez & auantages qu'il auoit mis en
luy, & ne pas faire reflexion ſur tant
de belles vertus qu'il prattiquoit
tous les iours : & ainſi cognu & ad-
mire de tout le monde, il demeuroit

G ij

caché à foy mefme : qui eft le plus
haut & le plus affeuré degré de l'humilité ; fans lequel toutes les autres
vertus, & l'humilité mefme, non
feulement font fuiettes à fe perdre,
mais bien fouuent font reuiure
l'orgueil, qui, comme vn Phœnix, fe trouue renaiftre de fes cendres.

Que n'aurois-ie pas à dire de fa
Patience, plus qu'humaine, fi cela
mefme qui m'ouure la bouche pour
en parler, ne me la fermoit auffi-
toft ? Qui eft la cognoiffance que
i'en ay euë, dont ie ne fçaurois rappeller le fouuenir, qu'auec vne douleur qui eftouffe les paroles de ma
bouche : & fi ce qui me donne la
facilité de difcourir, qui eft l'abondance de la matiere, ne m'obligeoit
au filence, pour ne me pas engager
à vn fuiet, dont ie ne pourrois pas

aiſément trouuer la fin : & ainſi
pour parler de la Patience i'abuſe-
rois de la voſtre: & au lieu d'adoucir vos douleurs par mes paroles,
i'entretiendrois voſtre dueil par la
repreſentation de tant d'obiets faſ-
cheux, qui ont ſeruy d'exercice à ſa
patience.

L'occupation de la patience eſt
à l'entour du mal ; & ſa fin, eſt d'y
reſiſter courageuſement.

Pour eſtre parfaite, elle demande deux conditions, la ſouffrance
du mal, & la force pour ne ſe laiſſer
pas abbattre par ſa violence.

Pour cela, l'Apoſtre par excellence l'attribuë d'vn tiltre particulier
au Fils de Dieu, qu'il appelle le
Dieu de la patience; parce, que com- *Deus*
me homme, il s'eſt veu expoſé aux *patien-*
ſouffrances, qu'il commença en ſa *tia.*
vie, & ne termina qu'en ſa mort:

& comme Dieu, il eut la puissance de les surmonter, trouuant son
repos dans ses peines, & la douceur de son esprit dans les violen-
tes afflictions qui l'assiegeoient de
tous costez : Bref, comme l'An-
ge de l'Apocalypse, ayant vn pied
sur la terre promise, qui fluë le la &
& le miel des voluptez eternelles,
& l'autre sur la mer des amertumes
d'vne vie tres-chetiue, & d'vne
tres-cruelle mort.

La Patience n'est pas cette in-
dolence & insensibilité des Stoï-
ciens, par laquelle les Philosophes
vouloient faire croire, qu'à force
de ressentir le mal, ils en perdoient
le sentiment. C'est vne illusion,
plus digne de risée que de refuta-
tion : ny aussi cette tristesse & do-
leance perpetuelle, que quelques
ames basses & lasches resmoignent

à la rencontre des moindres aduer-
ſitez : c'eſt vne foibleſſe, qu'on ne
ſçauroit aſſez blaſmer.

La Patience eſt au milieu : elle
eſt chocquee du mal & le reſſent :
mais elle n'en eſt pas abbatuë, &
conſerue touſiours la tranquillité
de l'eſprit.

La plus grande des ſouffrances,
eſt la plus inutile & la plus vicieuſe,
qui eſt celle des damnez ; pource
qu'elle eſt coniointe auec la rage &
le deſeſpoir.

La ſeule eſt loüable & meritoire,
qui ſe ſupporte auec patience, qui
qui laiſſe l'eſprit dans le repos, & ſe
marie auec vne douce confiance en
la bonté de Dieu.

Quand ie repreſente cela, ie
laiſſe vn crayon bien vif de la patience de noſtre inimitable Prince,
exercée par toute ſorte d'afflictions

G iiij

& de trauerses, soit pour le corps,
soit pour l'esprit.

Ceux qui ne regardans que
l'esclat exterieur de sa condtion,
& la pompe mondaine, dont il
estoit enuironné, l'ont consideré
pendant qu'il viuoit, comme vn
modele de felicité accomplie, seront bien obligez de le retrancher,
& de souscrire à cette verité, (que
i'ay ailleurs traittée plus à dessein, &
dans vn œuure de plus longue ha-
leine, à qui i'espere bien tost faire
voir le iour,) qu'il n'y en a aucune
de parfaite en cette vie, & que nous
nous n'y entrons que pour souffrir:
que c'est cóme la toile du Tisserand,
où s'il y a quelques montants, les
trauerses sont innombrables, &
vne rude Musique, où il y a plus de
souspirs, que de notes chantables,
de dissonances que de bons accords,

Velut à texente vita mea dum adhuc ordirer succidit me.

& où à mesure que le dessus s'esleue,
l'on void la basse se raualler, parce
que si nous sommes esleuez par
quelque legere & enfantine felicité, nous sommes aussi tost rabba-
tus par quelque pesant desastre, ou
qui la suit de pres, ou qui mesme
marche souuent de compagnie:
Bref, qu'aux plus heureux, beaucoup de choses manquent, qui forment le bon heur.

Ie ne parle point des afflictions
d'Esprit, dont on peut dire auec
verité, que celuy de ce bon Prince,
se vist trauersé, quasi aussi tost qu'il
fut monté sur le Throne Royal, &
qu'il eust pris en main le gouuernail
de cette Monarchie par les diuerses
factions qui se formerent en son
Estat, les souleuemens des Prouinces entieres, les entreprises des
estrangers & autres innombrables

qu'il seroit long de rapporter, outre son humeur mesme & sa disposition naturelle qui se portoient assez au chagrin. Ce qui luy a fait aduoüer en sa derniere maladie, qu'il ne croyoit pas en quarante deux ans de vie que Dieu luy auoit donnée n'auoir eu vn seul iour de veritable, & solide contentement, & qu'il y auoit grande difference entre les iours de sa vie, & entre le temps, qu'il auoit velcu, & qui s'estoit presque tout passé en vne profonde nuict de mille cuisans chagrins, & importunes inquietudes.

Pour ce qui est des afflictions corporelles, elles ont esté si frequentes qu'elles n'ont pû estre ignorées.

C'a esté le souhait des plus sages d'auoir vne ame saine dans vn corps sain : mais comme le mariage est

difficile à faire, auſſi ne ſe rencontre-
il que rarement; & il arriue fort
ſouuent qu'vn corps ſain & vigou-
reux ſera lié auec vne Ame fort ſtu-
pide & fort languiſſante : & au contraire, qu'vn Eſprit, fort & agiſſant
ſera conjoinct auec vn corps abbatu de foibleſſe, & chargé de mille
infirmitez.

C'eſt ce que nous auons remarqué en noſtre Grand Prince. Car
ſans flatterie on peut dire qu'il n'y
euſt iamais Eſprit plus puiſſant, &
plus agiſſant que le ſien : comme
tous ceux qui ont eu l'honneur de
le pratiquer, l'ont hautement pu-
blié, ny vn corps plus infirme &
moribond : comme l'ont pû auſſi
remarquer, non ſans beaucoup de
douleur & de compaſſion, tous
ceux qui ont eſté proches de la perſonne.

Et pour n'en rechercher des rai-
sous eloignée , ie croy que cette
mesme force de son Esprit estoit
cause de l'affoiblissement de son
corps.

Platon , disoit que l'homme
estoit vn animal monstrueux ; parce qu'il contenoit en soy deux parties qui ne se peuuent presque accorder, & pourtant ne se veulent iamais separer, l'ame & le corps, l'a-
me viue & agissante, le corps pesant
& abattu, lesquels, quoy que contraires en leurs mouuemens , ne
trouuent neantmoins leur compte
qu'en leur mutuelle vnion : si bien
que l'vn peut dire à l'autre, ie ne puis
viure auec vous, & ne sçaurois viure
sans vous : sans l'ame le corps est
mort, & c'est l'actiuité de cette mesme ame, qui le mene insensible-
ment à la mort.

C'eſt ce qui eſt arriué en celuy,
dont nous ſouſpirons le treſpas, qui
peut remporter ce regret, (mais qui
retourne à ſa loüange) d'auoir trop
toſt vſé ſon corps, pour en auoir vſé
trop ſouuent, & d'auoir retranché
beaucoup de ſes iours, de peur d'en
auoir d'inutiles : En vn mot, de ne
s'eſtre pas ſoucié que ſon corps fut
infirme, & languiſſant, pourueu
que les fonctions de ſon Eſprit fuſ-
ſent viues & vigoureuſes.

Mais, & des vnes, & des autres
afflictions, ſoit de l'Eſprit, ſoit du
corps, on en peut aſſigner vne raiſon commune, & plus morale priſe
de la diſpoſition generalle de la prouidence diuine, qui à voulu exercer
la patience de ce Prince, en tant de
ſortes, pour la couronner en ſuite, de la plenitude de ſes benedictions.

Sainct Paul, asseure iudicieusement, que la colere de Dieu ne sera
reuelée ny manifestée que dans le
Ciel : parce qu'en effet, il est tres-
mal-aisé d'en faire vn bon iugement par les choses qui se passent
parmy les hommes sur la terre.

Nous pensons quelquesfois,
que Dieu leur soit fort fauorable;
parce qu'il les comble de biens, &
de prosperitez en cette vie sans aucune trauerse d'aduersité, ny pour
l'Esprit, ny pour le corps. C'est
fort mal deuiner : souuent le plus
grand traict de son courroux en leur
endroit, est de ce qu'il leur paroist
moins courroucé. Car c'est vn signe qu'il les abandonne, comme
malades incurables, à qui les remedes ne peuuent plus profiter; ce qui
fait qu'il cesse de leur en ordon-
ner , & n'applique plus sur eux

le fer, l'acier & les drogues ame-
res.

Le pecheur, dit Dauid, à trop
courroucé Dieu, & sa colere à mon- *Irrita-*
té à ce point, qu'il s'est resolu de ne *uit Do-*
le plus chastier, & de faire son sup- *minum*
plice de son impunité: sa plus gran- *peccator,*
de peine sera que Dieu ne prendra *secundū*
plus la peine de le corriger, com- *multitu-*
me vne personne, où il n'y a plus *dinē ira*
rien à esperer. *sua non*
quæret.

Dieu exercera sur luy cette rigou- *Mise-*
reuse misericorde de luy cacher sa *reamur*
iustice, & de ne le point affliger en *impio,&*
cette vie ; pour resueiller sa pa- *non di-*
resse, & luy faire en pratiquant les *scat fa-*
vertus, euiter les miseres de l'au- *cere iu-*
tre. *stitiam.*

Au contraire, nous nous persua-
dons que Dieu vueille beaucoup de
mal aux gens de bien; parce qu'il les
laisse souffrir, & les abandonne aux

miseres & infirmitez de cette vie ; & en cela encore sommes nous fort trompez ; cette apparence de cour-roux est l'effet d'vne veritable bon-té paternelle, qui leur met ce mords en la bouche, de peur qu'ils ne s'es-chappent dans les prosperitez, & s'abandonnent aux vices, & qui esprouue leur vertu, comme l'or dans le feu, pour la rendre plus pre-cieuse, & digne des recompenses de l'eternité.

C'estoit par ces pensées, que tant de grands Sainēts, (dont l[a] bonne odeur demeure encore sur la terre, tandis que leurs lauriers reuerdissent dedans le Ciel) se consoloient dans les plus cuisantes afflictions de leur vie, & les plus cruels martyres de leur mort.

Euntes ibant & flebant Ils n'ont pas seulement souf-fert leurs peines auec patience, dit Dauid,

Dauid, mais les ont receuës auec
ioye, comme vne riche femence, laquelle iettée en bonne terre, & ar-
rouſée des larmes, que la violence
des maux qu'ils ſouffroient, tiroit
de leurs yeux, à cauſe de l'infirmité
humaine, deuoit produire des
fruicts d'vne eternelle felicité qu'ils
eſperoint moiſſonner dans le
Ciel.

mittētes
ſemina
ſua; ve-
nientes
autē,ve-
nient,cū
exulta-
tione por
tantes
manipu-
los ſuas.

Le Fils de Dieu preuoyant les
miſeres & les perſecutions qu'deuoient ſouffrir ſes Apoſtres en la publication de ſon Euangile, leur re-
leue le courage par cette meſme
conſideration, que tant de maux
prendroient bien-toſt fin, & que la
recompenſe en ſeroit vne gloire &
felicité immortelle.

Gaudete
& exul-
tate,
quia
merces
veſtra
copioſa
eſt in
cœlis.

Sainct Paul parlant des miſeres
de cette vie, & de la gloire de l'autre, qui en doit eſtre la recompenſe,

Exiſti-
mo ego,
quod non
ſunt con-

veut qu'on le croye en la compa-
raiſon de cette vie qu'il en fait, comme en ayant luy-meſme fait l'experience, & proteſte hautement, que
tout ce qui peut non ſeulement arriuer, mais eſtre imaginé de rude &
d'effroyable en la vie, ſoit pour l'eſprit, ſoit pour le corps, n'a rien qui
approche de la grandeur de cette
gloire, qui nous ſera, non ſimple-
ment reuelée, mais actuellement
renduë au ſejour de l'immortalité
bien-heureuſe.

Aux afflictions de cette vie, il
n'attribue qu'vne legereté, & vn
moment paſſager; à la gloire, vn
poids, & vne eternité toute entiere,
& ne rend recommandable cette
legereté & cette courſe precipitée
des peines & infirmitez, que par la
fecondité qu'elles ont, l'vne à faire

naistre le poids, & l'autre l'eternité
de la gloire.

C'estoient les pensées plus frequentes de nostre pieux Prince en
toutes ses plus fascheuses & lan-
goureuses maladies; & pour s'y entretenir, il r'appelloit souuent par sa
memoire ces belles fleurs des Pseau-
mes, dont son Office Royal estoit
parsemé, qu'il appelloit des fleurs à
cause de leur bonne odeur; & quelquesfois Estoilles, à cause qu'elles
l'enseignoient à se destacher de la
terre, où sa condition le tenoit assez engagé, & luy faisoient renaistre
le souuenir du Ciel, dont son ame
estoit si fort embrazée.

Au plus fort de ses douleurs on
luy voyoit esleuer les yeux au Ciel,
pendant que son cœur parloit à
Dieu en secret, & pousser quelquesfois ses petits eslans, qui faisoient

aſſez remarquer la force de ſon eſprit en ſi grand affoibliſſement de
ſon corps ; *Voſtre verge, Seigneur,*
& voſtre baſton ont eſté ma conſola-
tion : Ie ne puis pas nier, que ie ne
reſſente viuement les coups de cette
verge veillante, par laquelle vous
chaſtiez nos pechez en cette vie,
pour ſauuer nos ames dans l'eternité, & reſueillez noſtre pareſſe,
pour nous porter à cheminer vers
vous. Ma nature foible & ſenſible
ſe plaint doucement, mais mon
ame eſclairée de la lumiere de la Foy
y trouue vne ſolide conſolation :
parce qu'elle cognoiſt bien, que ce
ne ſont pas des traits de colere, mais
des effets de voſtre amour paternel,
que ce ne ſont pas des chaſtimens
pour me perdre, mais des benignes
corrections & aduertiſſemens pour
me ſauuer.

Quand ie cheminerois au milieu des ombres de la mort, ie ne craindray iamais aucun mal, parce que vous estes auec moy, que la maladie se fortifie, que mes douleurs redoublent, que la face descharnée de la mort se presente à mes yeux : que le glaiue de cette impitoyable se prepare pour se descharger sur ma teste, que ce pauure corps qui n'a plus que la peau & les os, & est pitoyablement attaché à vn lict, sans pouuoir seulement se remuer, soit trauaillé encore de nouuelles douleurs, ie ne monstreray pas seulement vn signe d'étonnement, parce qu'en cette extremité ma foy m'asseure que vous estes aupres de moy, ou comme mon bouclier pour me defendre, ou comme mon medecin pour me guerir, ou comme mon Roy pour couronner ma patience.

Si ambulauero in medio vmbræ mortis, nõ timebo mala, quoniam tu mecum es.

H iij

Vous estes ma lumiere & mon salut, ie ne sçaurois rien craindre: Vous estes le protecteur de ma vie; ie ne sçaurois trembler. Quand mes yeux seroient tous prests d'estre sillez par la mort, & que i'aurois desia vn pied dans la fosse, ie ne pourrois apprehender les tenebres, parce que vous estes mon Soleil; & luisant à mes yeux, ie verray clair, mesme parmy la nuict & les tenebres de la mort : ma vie estant entre vos mains, qui estes la resurrection & la vie : ie suis fort asseuré, que si vous ne me la restablissez icy, vous l'eschangerez en vne beaucoup meilleure, dont vos Saincts iouïssent dans le Ciel.

Il faudroit vn iuste volume, pour comprendre toutes les eleuations d'esprit, les sainctes affections, & les pieux mouuements que cette

belle ame touchée de l'amour de
son Dieu a fait paroiftre durant fes
maladies , & où il a eu autant de
tefmoins de fa pieté & d'admira-
teurs de fa conftance, que de perfonnes , qui ont eu l'honneur de
l'affifter , particulierement en cette
derniere , fi longue & fi ennuyeufe
de S. Germain, dont ie puis parler
auec affez de certitude , ayant eu
l'honneur affez fouuent de m'y
trouuer, & où il femble que Dieu
ait voulu verfer de nouueaux thre-
fors de graces en cette ame Royalle , pour couronner cette belle vie
qu'elle auoit menée en la terre, par
vne mort digne de l'immortalité;
& pour luy faire receuoir en cette
porte, auec la loüange de fes actions,
les recompenfes de fes merites, c'eft
à dire , aux termes de mon texte,
les fruicts de fes Induftries , ou de fes

H iiij

mains, pour s'en repaiſtre vne eternité toute entiere : qui eſt vne ouuerture au troiſieſme & dernier poinct
de ce Funebre diſcours, que ie re-
ſerue pour demain, me contentant
de vous auoir laiſſé aujourd'huy en
la vie de ce Prince, vn modele parfait des plus belles vertus qui peuuent releuer vne ame, & la rendre
digne de la ſocieté des Saincts.

Les Roys ne ſont eſleuez ſur des
hauts throſnes, que pour eſtre plus
aiſément remarqués par leurs ſuicts,
qui d'eux-meſmes taſchent de ſe
former ſur leurs exemples.

Ce ſont premiers mobiles, qui
rauiſſent apres eux les cieux infe-
rieurs, tirans leurs peuples à l'imitation de leurs actions.

Les Eſtats tous entiers pour
l'ordinaire ſe compoſent ſelon les
mouuemens de leurs Princes, ſoit

que la complaisance les y porte,
soit qu'ils reuerent en leurs personnes
l'image de la Diuinité, qu'ils ne
croyent pas mieux imiter, qu'en
imitant ces Parelies de sa splendeur
& de sa Majesté.

Ce n'est pas par vne complaisance
humaine, que ie vous inuite de porter
la veuë sur la vie de nostre incomparable
Prince, puis qu'il n'a
plus ny veuë, ny vie pour considerer
vos soings, & vous en sçauoir gré,
mais par les auantages que vous receurez
de cette imitation, puis qu'elle
vous doit seruir de disposition à
vne mort pareille à la sienne, qui
vous rende participans de sa gloire
& de son bon-heur, qui est, ce qui
nous reste pour demain, & que
Dieu nous rendra là haut, par sa
saincte misericorde. Ainsi soit-il.

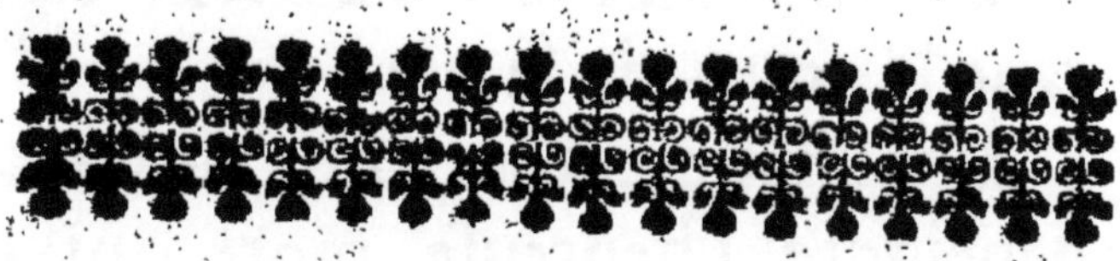

III. POINCT
DE CE DISCOVRS PRO-
noncé le second iour 2 0. Iuin.

Dites au Iuste qu'il a bien fait, & qu'il mangera les fruicts de ses mains.

Es iours sont separez, mais le discours est le mesme, parce que son subjet, & l'ordre de le traiter le sont.

Tout ce que ie pûs hier faire, accablé par l'abondance de ma matiere, & abbatu par la foiblesse de mon estomach, ce fut de vous representer les admirables vertus de nostre IVSTE LOVYS, & l'vsage parfait qu'il en auoit fait durant le cours de sa vie.

Il me reste auiourd'huy de vous depeindre l'heureuse mort qui a terminé vne si belle vie, & la grandeur des recompenses qui l'ont suiuie, qui sont comme deux sections de ce troisiesme poinct.

Il est vray, que la plus solide loüange, est celle qui se tire de nos actions, mais elle ne se rendra qu'aux portes, dit le Sage, c'est à dire, en la mort. *Laudēt illum in portis opera eius.*

Il y a deux portes en la vie, l'vne pour y entrer, & l'autre pour en sortir : & tout l'espace qui se trouue compris entre l'vne & l'autre, s'appelle vie, qui n'est pas tant vn estat, qu'vne course precipitée, pour nous faire passer sans intermission de l'vne à l'autre.

La nature ouure la premiere, la mort la seconde : & la fortune se donne l'authorité de difpofer des principales conditions de la troifiefme.

La nature & la mort ont des deffeins tous oppofez, & pour les faire reüffir, fe feruent auffi des moyens tous contraires : ce que la nature fait, la mort s'efforce de le deffaire : celle-là trauaille à baftir, & celle-cy à deftruire : La premiere agit par vn principe de bien, qui ne tend qu'à bien faire , & fe communiquer : l'autre par vn principe de malice, qui ne bute qu'à ruiner & à perdre.

Mais la malice de la mort furmonte la bonté de la nature.

Celle-cy trauaille lentement, & prend beaucoup de temps à faire & à perfectionner fes ouurages : celle-là fouuent les renuerfe & les deftruit en vn moment : & fi elle

prend du temps, ce n'est que pour
signaler d'auantage sa cruauté, par
les diuerses maladies, dont elle afflige vn pauure corps, auant que de
le pousser dans la tombe: comme
nous auons pû remarquer, (non
sans beaucoup de larmes & de soup-
pirs,) en celuy qui est le suiet de ce
discours, & qui cause la continua-
tion de nos plaintes, si long-temps
trauaillé, & par de si fascheuses &
rigoureuses maladies, qui l'ont conduit au tombeau.

Et comme si la nature estoit courte d'inuentions, elle ne se sert iamais
que d'vn seul moyen pour accom-
plir son ouurage, qui est celuy de la
generation naturelle : où la mort
plus habile & plus ingenieuse in-
uente tous les iours mille moyens
nouueaux pour le ruiner & le perdre.

Souuent la nature est fautiue, &
tente plusieurs desseins qu'elle n'a-
cheue pas : la mort ne s'esgare iamais de son but, & tost ou tard, y
arriue ; & si tard, ce n'est que pour
faire payer la tardiueté par la violence.

A raison de ces diuers moyens,
qui seruent à la fin de la mort, qui
est de tirer du monde, ce que la nature n'y fait entrer que par vn seul
moyen, le Sage, qui sçauoit ce que
nous venons de mettre en auant,
que toute la solide loüange de la
vie dependoit de cette fin, & issuë
differente, n'a pas mis sans dessein
ce terme au plurier, *Que les actions*
des grands hommes porteront leurs
loüanges dans les portes.

Nous auons l'obligation à autruy de la bonne naissance ; mais
nous ne deuons la bonté de nostre

mort qu'à nous mesme : c'est à dire,
à la bonne vie que nous auons
menée.

Il y a des personnes qui naissent
si peu propres à toutes les choses
bonnes, qu'on ne sçait à quoy les
appliquer : & on peut dire d'elles
auec le Poëte, que ce sont fardeaux
inutiles à la terre.

D'autres si propres à tout, qu'à
quoy que vous les disposiez, elles
reüssissent parfaitement. De qui se
peuuent plaindre les premiers, si-
non de la nature, qui comme ma-
râtre les a si mal partagez ? Et de qui
ont suiet de se loüer les autres, si-
non de la mesme nature, qui comme vne bonne mere les à traitez si
fauorablement ?

Mais personne ne peut attribuer
sa bonne, ou mauuaise mort, qu'à
soy-mesme ; c'est à dire, au soing

qu'il à pris de mener vne vie bien reglée, qui fait la bonne mort, ou à la
negligence qu'il a apportée à pratiquer la vertu, qui à rendu sa mort
mauuaise.

La mort est l'Echo de la vie : ce
que la vie à dit, soit bien, soit mal,
la mort le repete: & cette repetition
retentira toute l'eternité : Mais
comme il depend de nous de bien
où mal regler nostre vie, aussi de-
pend-il de nous rendre bonne ou
mauuaise nostre mort.

Admirons donc, Messieurs, le
bon-heur de la naissance de nostre
Grand LOVIS, où i'aurois ce me
semble mauuaise grace de m'estendre, parce qu'estant la mesure de
de toutes les autres, elle n'a peu
estre mesurée que par luy mesme :
comme le Soleil, pour estre la fontaine de lumiere, ne recognoist aucune

cune qui puiſſe luy dóner de l'eſclat,
& ne peut eſtre comparé qu'auec
ſoy meſme: Mais loüons la bonté
de ſa mort, que ceux qui ont eu
l'honneur de l'aſſiſter en ſa maladie
ont pû remarquer de leurs propres
yeux, & que les autres peuuent aiſément iuger par l'excellence de la
vie qu'il a menée, & qui n'a pû eſtre
ignorée de perſonne, à cauſe de
l'eſclat de ſa condition.

L'Egliſe en ſes prieres publiques
demande à Dieu deux choſes touchant la mort, qu'elle ne ſoit ny
prompte, ny impreueuë.

Qu'elle fuſt prompte, il ſemble
que ce ſeroit choſe pluſtoſt à deſirer
qu'à craindre, parce que ce ſeroit en
abbreger la cruauté, qui ſe fait reſ-
ſentir par les langueurs, & aigreurs
des maladies qui affligent vn pau-

A ſubi-
tane à &
impreui-
ſà morte,
libera
nos Do-
mine.

ure corps, auant que de le precipiter dans le tombeau.

Mais qu'elle soit impreueüe, c'est l'extremité du mal'heur, puis qu'en cette surprise, elle n'oste pour l'ordinaire la vie au corps, que pour engager l'ame à vne mort eternelle.

La preuoyance des maux est vn moyen fort vague, & incertain; parce qu'il peut autant seruir à les accroistre qu'à les diminuer.

Les maux qui nous surprennent nous accablent, tant par ce qu'ils ne nous trouuent pas preparez à les soustenir, que par ce qu'ils s'arment de la nouueauté qui est de soy effroyable : la tempeste qui surprend, estourdit le pilote, & fait qu'il demeure les bras croisez : & l'irruption precipitée d'vn ennemy qu'on croit encore fort éloigné, interdit telle-

ment les plus experimentez Capitaines, qu'en ce rencontre ils ont
grande peine de se seruir de leur iugement pour les repousser.

Mais à beaucoup aussi la preuoyance n'a seruy qu'à les trauailler,
aians preueu par la pensée, des maux
qui ne leur fussent iamais arriuez;
& ainsi s'estans rendus actuellement mal'heureux; par ce qu'ils
auoient creu le deuoir estre.

Si le mal est douteux, la preuoyance d'ordinaire nuit plus qu'elle
ne profite; parce qu'en effet peut-
estre n'arriuera il iamais: & toutes-
fois pour s'estre trop occupé à preuoir qu'il pouuoit, ou qu'il deuoit
arriuer, on se trouue auoir esté trauaillé par la crainte de son arriuée.

S'il est ineuitable, & qu'on ne le
puisse addoucir, toute la preuoyance est inutile; parce qu'elle ne peut

pas empescher qu'il n'arriue, ny
tous les soings que vous pourriez
prendre, le rendre plus supporta-
ble.

Mais qu'il soit douteux, ou ineuitable, s'il peut receuoir de l'adoucissement, il est tousiours auantageux de le preuoir ; puis qu'entre
maux le moindre est tousiours le
plus souhaitable.

La mort est dans cette ordre : elle
ne se peut pas euiter ; & pour cela il
seroit inutile de la preuoir : mais elle
est capable d'addoucissement ; voire
le plus grand mal qu'elle cause peut
estre éloigné par la preuoyance ;
& pour cela il n'est pas seulement
vtile, mais quasi necessaire de la preuoir ; c'est à dire, d'estre auec elle
par la pensée, auant qu'elle soit auec
nous par effet : ou plustost puis
qu'elle est tousiours auec nous

d'effet ; entant que chaque moment elle arrache quelque piece
de noſtre vie; noſtre penſée ne s'en
doit iamais eſloigner, à fin de n'eſtre point ſurpris quand elle arriuera, pour faire ſa derniere main en
cette inſtant fatal qui doit terminer
noſtre vie.

La foy, la raiſon, & l'experience
nous aſſeurent aſſez que nous
mourrons vn iour.

La foy nous crie par ſainct Paul,
que c'eſt vne Loy eſtablie pour tous
les hommes depuis le peché, qu'ils
mourront vne fois, & que l'effet eſt
auſſi eſtendu que ſa cauſe; c'eſt à
dire, que comme le peché qui à fait
naiſtre la mort s'eſt eſtendu ſur tous
les hommes, la mort de meſme
n'en à excepté aucun, mais les à tous
aſſuietis à ſon Empire.

La raiſon nous apprend que

I iij

noſtre corps eſtant compoſé de
qualitez, & d'humeurs toutes contraires, qui ſe combattent inceſ-
ſamment, il eſt bien mal-aiſé que
ſon temperament ſubſiſte longuement, & ne ſoit ſouuent alteré par
l'excés de quelques vnes de ces qualitez, & humeurs contraires.

Et l'experience nous force d'aduoüer, que perſonne n'eſt affran-
chy de cette dure loy, & neceſſité
de mourir; parce que nous voyons
qu'il n'y en a aucun, qui de gré ou de
force n'y ſoit rangé.

Ce n'eſt donc pas pour euiter la
mort, que l'Egliſe nous en conſeil-
le la preuoyance, & la demande à
Dieu, comme vn effet de ſa grace,
& vn preſent de ſa bonté, mais
pour nous tenir touſiours en eſclat de l'attendre, ſur l'incertitude de l'heure de ſon arriuée, dont

les mesmes moyens nous asseu-
rent.

Le Fils de Dieu, qui est tout ensemble l'obiect & le motif de nostre Foy, prend le soing de nous
en aduertir, & à mesme fin de n'en
estre pas surpris: *Veillez*, (dit il) *&*
priez, parce que vous ne sçauez le
iour ny l'heure que vous serez ap-
pellez.

La raison qui nous enseigne que
nostre vie est vn combat perpetuel
des qualitez, & des humeurs contraires, lesquelles en se combattant,
s'alterent, & alterent le temperament qui entretient nostre vie;
nous fait assez cognoistre qu'elle
ignore le poinct, où ce combat se
doit terminer par la ruine des com-
battans, & du temperament; parce
qu'elle n'assigne, ny le degré precis
de l'actiuité, & resistance de ces

I iiij

humeurs, & qualitez contraires, ny quelle alteration doit souffrir le temperament, pour n'estre plus propre à la conseruation de la vie.

En fin, l'Experience iournaliere nous fait assez voir, comme la mort sans consideration d'aages, ny des conditions, frappe également, les forts & les foibles, les ieunes & les vieillards, les Princes & la populace. Ce qui monstre euidemment, qu'il n'y à nulle marque certaine de son arriuée, & qu'il n'y à moment en la vie, qui ne puisse estre celuy, auquel elle viendra pour faire son coup.

Et c'est ce qu'il y a de meilleur en la vie, que nous en ignorons la fin, c'est à dire, l'heure que la mort viendra pour la terminer, à fin que cette incertitude nous oblige à estre tousiours disposez par vne bonne vie, à la receuoir quand elle arriuera.

La mort de noſtre Grand
LOVIS, n'a eſté ny prompte ny im-
petueüe : Il s'eſt ſenti mourir long
temps auant que de mourir actuellement, par les longues & frequentes maladies, qui minoient peu à
peu , & ſappoient ſans ceſſe ce
grand edifice , que la nature auoit
fait auec tant de ſoing, & d'appareil, pour y loger vne des plus
grandes & belles ames, qui ſoient
ſorties de la main de Dieu. Tant de
ſaignées , qui eſpuiſoient tous les
iours ſes veines, & leur ſang qui eſt
le ſiege de la vie, & tant de medeci-
nes, dont ſon eſtomach languiſſant
eſtoit chargè quaſi ſans relaſche,
eſtoient autant de morts qu'il ſouf-
froit auant que de venir mourir en
ſa maiſon de ſainct Germain, en
ſon lict, dans le ſein de ſa chere Eſ-

pouse, noſtre Reyne incomparable, aux yeux de ſes chers Enfans,
gages precieux que Dieu luy auoit
donné, & à la France de ſon amour,
aſſiſté de ſes plus paſſionnez & plus
fidelles ſeruiteurs, qui ont fait mille vœux pour ſa ſanté durant ſa maladie, & rendent tant de ſoing à
honorer ſa memoire apres ſa
mort, & entre les bras de ce digne
Prelat, qui porte benediction à
tout ce qu'il approche, & dont la
bouche prononce les paroles de ſalut & de vie, à tous ceux qui les re-
çoiuent, comme fit ce Prince auec
vne deuotion, & vne ardet qui ne
ſe peut repreſenter, & de laquelle
nous parlerons plus amplement cy
deſſous.

Si cette mort n'a pas eſté prompte, elle a eſté encore moins impre-
uëüe. Car outre que ſes longues, &

presque continuelles maladies luy donnoient assez lieu d'y songer, en la plus vigoureuse santé qu'il ait euë son bon Esprit, & son insigne pieté le portoient assez à s'en rafraichir la memoire.

Il sçauoit, & disoit assez souuent parmy ceux qu'il faisoit l'honeur d'admettre en ses plus familiers entretiens, que la condition de l'homme ne l'establit pas plus asseurement en la vie, qu'elle l'engage necessairement à mourir, que si il ny a point de necessité de naistre, il y en a de mourir à quiconque est né, & que la naissance n'est pas seulement vn engagement à mourir, mais la cause de la mort mesme, selon le dire de Tertulien, par ce que nous ne naissons que pour mourir, & que personne ne meurt qu'à cause qu'il est né.

Que perſonne ne s'eſtant pû exempter de cette Loy, ce ſeroit vne pure folie de nous vouloir perſuader que l'exception en deuſt commencer par nous, qui ne s'e-ſtoit point encore remarquée en vne ſi longue ſuite de ſiecles.

Que la meſme nature, qui nous iette tous nuds dans la terre, nous en chaſſe apres nous auoir deſpoüillez.

Qu'on peut faire plus ou moins de chemin auant que d'arriuer à la mort, mais qu'aucun n'a iamais marché dans la vie, que toſt, ou tard il ne ſoit paruenu à la mort. Bref, qu'il n'y a rien de plus ridicule que de ſe trauailler comme nous faiſons, d'euiter pour quelque heu-re, ce qui abſolument eſtoit ineui-table, & qui pouuoit nous arriuer à tout moment.

Il ne pouuoit assez blasmer le
procedé des hommes, dont l'am-
bition leur fait conceuoir des desseins eternels pour la vie, comme
si elle ne deuoit iamais finir, & la
naturelle foiblesse les fait trembler
chaque moment, comme si c'estoit
le dernier de leur vie.

En effet, il y a du desreglement
en l'vn, & l'autre. Celuy qui vit
comme s'il ne deuoit iamais mourir,
ne peut manquer d'estre surpris
par la mort, & celuy qui craint sans
cause, se rend luy mesme l'Autheur
de son mal-heur, & meurt tous les
iours, parce qu'il apprehende de
mourir vn iour.

La mort promptement n'est ny
à craindre ny à desirer.

La crainte n'est que des choses
douteuses : & il n'y a rien de plus
certain que la mort : on la doit at-

tendre de pied ferme, comme pouuant arriuer chaque moment, &
non pas la regarder en tremblant,
comme si chaque heure elle frap-
poit à nostre porte, pour nous tirer
du nombre des viuans.

Le desir du changement marque l'ennuy de la condition presente, & partant celuy qui desire la
mort, telmoigne qu'il est lassé de la
vie, & qu'il a peine de la supporter.

Quoy que la crainte, & le desir
de la mort produisent des effets
opposez en l'ame, elles procedent
pourtant d'vne mesme source, sçauoir, de nostre lascheté, qui fait que
nous ne pouuons ny attendre la
mort, ny souffrir les incommoditez
de la vie.

Celuy qui craint la mort, fait assez iuger qu'il n'aura pas le courage

de la receuoir, quand elle se presentera : & celuy qui la desire, fait voir
qu'il succombe aux miseres de la
vie, & qu'il ne va pas de luy-mesme
à la mort, mais y est traisné par l'ennuy qu'il a de viure : Il faut marcher
courageusement dans les sentiers
espineux de la vie, & receuoir la
mort auec resolution, quand elle
se presentera : ne l'appeller pas pour
finir vne vie que vostre foiblesse
vous rend insupportable, mais
aussi ne la fuir pas, quand elle viendra à vous, comme si vous n'auiez
rien à esperer apres cette mortelle
vie.

Le vray moyen de ne la pas
craindre quand elle arriuera, c'est
de nous y bien preparer auant
qu'elle arriue.

La mort n'est nostre ennemie,
qu'autant que nous voulons, parce

qu'elle ne nous peut faire autre
mal, que celuy que nous aurons
voulu faire nous mesmes, durant
noſtre vie.

Tout noſtre bon-heur eſt entre
nos mains, puis qu'il depend de
nous de bien regler noſtre vie, &
d'eſtre chaque moment, comme ſi
c'en eſtoit le dernier.

La confiance d'auoir bien veſcu,
eſt le moyen le plus aſſeuré pour
nous faire marcher vers la mort,
non ſeulement ſans trouble, comme à vne ennemie de noſtre bon-
heur, mais auec allegreſſe, comme
à vne confidente fauorable, qui
nous doit introduire dans l'immortalité.

Ce qui eſt à craindre à vn Chre-
ſtien, n'eſt pas tant la mort, comme
la ſuite, il depend de luy de ſe la rendre heureuſe en viant bien de la vie,

à fin

à fin de ne craindre ny l'vne ny l'autre : mais au contraire aimer l'vne
pour l'amour de l'autre ; cherir la
mort pour l'amour de l'immortalité qui la doit suiure.

C'estoit le sentiment de nostre
Prince, qu'il témoigna plusieurs fois
à son Confesseur, luy disant, qu'il
ne craignoit pas la mort, mais le iugement de Dieu, qui vient en suitte
de la mort : que sans cela il marche-
roit vers elle, non seulement sans
apprehension, mais auec allegresse.
Souuent il disoit ce verset de Dauid;
Mon ame s'ennuie de cette vie. Puis
d'autres fois ? *O que le Royaume du
Ciel, auquel i'aspire, m'est bien plus
aggreable que celuy de la terre que
ie quitte !* Et mille autre discours
que le temps ne me pourroit pas
permettre d'estendre, & que quelque autre pourra faire auec plus de

K

loifir, & moins d'empreffement.

Or rien ne nous porte d'auantage à bien vfer, & regler noftre vie, que cette penfée, non feulement, que nous deuons mourir vn iour, mais qu'à chaque moment nous pouuons mourir : que nous ne nous repofons pas, mais marchons fans ceffe vers la mort, & auec elle : que noftre vie eft comme le mouuement du Ciel, qui roule continuellement, & ne s'arrefte iamais : qu'elle ne croift qu'en apparence, & decroift en effet, parce que tout ce qui eft adioufté de noftre temps ne fert qu'à luy faire pluftoft trouuer la fin.

Ces penfées ne font pas feulement fubtiles, elles font folides ; mais le mal'heur eft que peu de perfonnes s'en occupent.

Nous reffemblons aux batelliers

qui tournent le dos au lieu, où ils
taschent d'aborder: nous éloignons
autant que nous pouuons, la pensée de la mort, & ne faisons pourtant autre chose que d'y marcher.

Aussi ne faut-il pas s'estonner, si
beaucoup de personnes succom-
bent aux trauaux, & infirmitez de
la vieillesse; parce que souuent ils y
arriuent, non seulement sans y estre
preparez, mais sans y auoir quasi
pensé: leur ieunesse, & le plus beau
de leur aage passe comme vn songe,
dont ils ne se resueillent pas pour
voir le iour, mais pour s'endormir
dans la nuict de la mort: semblables encore aux voyageurs qui pour
soulager l'ennuy du chemin s'entre-
tiennent en quelque profonde me-
ditation, ou se diuertissent en quelque lecture agreable: & ainsi coulent leur chemin, sans songer s'ils

cheminent, & se trouuent arriuez au logis, sans presque auoir pensé, ny s'estre apperceus qu'ils en fussent proches: ainsi peut on dire de ces gens, qui menent vne vie stupide, & qui la passent sans penser à la mort, qu'ils commencent leur vie par leur fin ; voire souuent qu'ils meurent auant qu'auoir bien sçeu s'ils auoient vescu.

Ils ont coulé inutilement tout le temps de leur vie sans en auoir vsé, & il se trouue que leur vie est vsée, & tout leur temps eschappé, sans auoir rien auancé pour le bon-heur de l'Eternité, qui est la derniere fin, où nous deuons tous aspirer, & où nous ne pouuons paruenir que par la mort.

C'est vne partie des pensées, dont l'Esprit de nostre tres-Grand, & tres-pieux Roy, estoit remply: ce

qui fit qu'en toute sa maladie on
ne remarqua iamais, ny aucun ennuy de la vie, ny aucune apprehension de la mort.

Quoy que cette derniere maladie ait tousiours esté iugée fort dou-
teuse, & que les Medecins ayent
tousiours asseuré qu'il y auoit plus à
craindre qu'à esperer, il est vray
pourtant que toutes les iournées
n'ont pas esté semblables, & qu'en
quelques vnes le peril à paru beaucoup plus grand, & en d'autres la
nature se fortifiant contre le mal
donnoit lieu à nos inclinations por-
tées d'elles mesme à croire ce qu'el- *Hæc in-*
les souhaittent, d'esperer que cette *firmitas*
maladie seroit comme celle du bon *non est*
ami de Iesus-Christ, le Lazare, non *ad mortë*
pas à la mort; mais pour la gloire *sed pro*
de Dieu. *gloria*
Dei.

Or quelque nouuelle qu'on luy

K iij

portaſt, ou de danger de mort, ou d'eſperance de vie, on à touſiours remarqué en luy cette parfaite éga-lité d'Eſprit qu'il auoit par tout teſ-moignée, qui eſtoit de ne ſe point troubler, ny par la crainte de la mort, ny par l'inquietude de traiſ-ner plus long temps vne vie ſi lan-guiſſante.

Le Pere Dinet, ſon Confeſſeur Religieux de ce grand, & ſçauant Ordre des Ieſuites, & doüé en par-ticulier d'vne ſinguliere Doctrine, & pieté, fut choiſi pour luy faire en-tendre de la part de ſes Medecins, le danger qu'ils trouuoient en ſa ma-ladie, & pour luy propoſer s'il n'au-roit pas agreable qu'on luy appor-taſt le dernier Sacrement, de l'E-gliſe, qui ſe nomme Extreme-Onction, pour n'eſtre adminiſtré qu'à l'extremité de la vie, afin de

fortifier l'Esprit des malades en ces
dernieres heures, où le diable ne
manque pas de redoubler tous ses
efforts pour les troubler en vn passage si rude, & si important.

En ce rencontre sa constance, &
sa deuotion, reluirent également.
A cette nouuelle de la mort qui à
de coustume de planter l'effroy
dans les Esprits plus resolus, il ne fit
pas comme le Roy Ezechias (quoy
que pieux, & fort loüé dans l'Escri-
ture) auquel le Prophete Isaïe,
ayant annoncé de la part de Dieu,
qu'il deuoit bié tost mourir, il tour-
na aussi tost la face vers la muraille ;
ce qui marquoit assez l'horreur qu'il
auoit de la mort, & cómença à sous-
pirer, & à verser des larmes ; ce qui ne
descouuroit pas moins les attaches
qu'il auoit encore à la vie.

Nostre L o v y s, dis-ie, n'en vsa

K iiij

point de la sorte; lors qu'on luy
vint parler de sa prochaine mort, il
receut cette nouuelle auec autant
de fermeté & de tranquillité d'esprit, que si on luy eust parlé de faire
quelque petit voyage: & au lieu de
s'espandre en regrets & de verser
des larmes, le visage aussi gay &
aussi serein qu'il eust iamais eu, &
d'vn ton aussi ferme & distinct qu'il
eust iamais parlé, sans respondre
autre chose à son Confesseur; en-
tonne aussi tost ces beaux versets
de Dauid, qu'il auoit tousiours eu
presens dans sa memoire. *Ie me suis*
resiouy en la bonne nouuelle qui m'a
esté donnée, que i'iray dans peu d'heu-
res en la maison du Seigneur. Mon
cœur, & ma chair ont tresailli de ioye
en la seule pensée de ce bon-heur. Com-
bien aimables sont vos tabernacles, ô
le Dieu des Vertus! mon ame se pas-
me, & tombe en defaillance, se sentant

approcher des porches de voftre fainčte maifon. O combien eft heureux celuy que vous auez choifi, & pris pour y habiter, parce qu'il fera rempli de l'abondance de fes biens, & abbreuué du torrent de la volupté eternelle!

Auec plufieurs autres eftans femblables que fon cœur faifoit à Dieu ; cependant que fa bouche gardoit le filence, en attendant que le Sacrement de l'Extreme-Ončtion, qu'il auoit demandé auec grande ardeur luy fuft apporté, & lequel il receut auec vne refolution qui rauiffoit les Anges, & eftonnoit les hommes : Car tandis que tous les affiftans fondoient en larmes, il refpondit au Preftre auffi diftinčtement, que s'il euft efté en pleine fanté, & regardoit d'vn œil auffi affeuré toute cette ceremonie, comme fi elle fe fut pratiquée fur vn autre, sans qu'on peust iamais remarquer en son visage aucun signe d'estonnemēt, ny de tristesse de quitter la vie.

Auec cette mesme tranquillité d'Esprit il dispose des affaires publicques de son Estat, & des particulieres de sa maison: regle les choses qui regardoient sa sepultures, en retranchant par vne humanité vrayement Chrestienne, toute la pompe, & l'esclat, qui auoient de coustume d'estre obseruez aux obseques des autres Roys ses predecesseurs.

Voyant de son lict le clocher de Sainct Denis en France, lieu choisi par nos Roys, pour leur sepulture. Voila, disoit-il, le lieu de mon repos. Et commança de discourir du chemin qu'il faudroit tenir, à marquer tous les passages par lesquels il seroit conduit, ceux des siens qui

feroient d'eſtinez pour l'accompa-
gner, & le temps meſme qu'il faudroit pour cette marche, auec auſſi
peu de trouble, & d'emotion, que
s'il euſt donné les Ordres pour ſes
voyage ordinaires. Y eut-il iamais
courage, & fermeté comparable à
celle-cy? Qui demeura égale iuſques au dernier ſouſpir de ſa vie, &
qui a eu autant de teſmoins, comme il y a eu de perſonnes qui ont eu
le bon-heur de l'aſſiſter en cette derniere maladie.

Ie ne craindray point qu'on
m'accuſe de vanité, ſi ie rapporte
mon teſmoignage particulier touchant les choſes que i'ay moy-meſ-
me veües de mes yeux, & enten-
dües de mes oreilles, en quatre fois
que ſa Maieſté teſmoigna aggréer
que ie m'approchaſſe du cheuet de
ſon lict pour luy parler de Dieu, &

que la ſeu-
place où
eſtoit mis
ſon lict, &
dedás ſon
lict que le
ſeul coſté
où d'or-
dinaire il
ſe tenoit,
tirāt vers
la ruelle,
duquel il
pût voir le
clocher
de S. De-
nis, cómo
entre les
autres M.
le Mareſ-
chal de
Schöberg
l'a parfai-
tement
ſceu re-
marquer)
lequel
ayant fort
peu quité
le Roy en
toute
ſa mala-
die, & l'ai-
māt d'vne
tendreſſe
particu-
liere, có-
me il en

des choses de son salut : parce que cela fut à la veüe des plus grands, & plus qualifiez du Royaume, Prelats & autres, & que le tout retourne à la gloire de ce grand Prince.

La premiere fois l'ayant trouué en vne disposition vn peu meilleure qu'à l'ordinaire, qui nous laissoit quelque rayon d'esperance, de sa guarison, luy parlant selon les mouuemens de mes desirs, & de mon amour, ie luy & demanday, si sa Maiesté s'estoit point quelquefois arrestée à considerer, comme Dieu n'auoit pas seulement fait des miracles de sa puissance, & de sa bonté pour son Estat, mais mesme pour sa personne : que ie croyois que les mesmes raisons demeurátes, sçauoir est, la necessité de sa personne pour l'Estat present des affaires, Dieu en pourroit bien faire encore

en cette derniere maladie , dont
l'issuë estoit iugée assez incertaine
par la vertu des remedes humains,
& naturels : mais aussi qu'elle deuoit penser que si Dieu, luy resta-
blissoit sa santé , presque contre
son attente, il attendroit aussi des
miracles de ses soings pour son seruice : Ce Prince, auec vne eleuation
de ses yeux, & de son cœur me fist
sur le champ cette response, *Que
sa vie estoit entre les mains de Dieu,
qu'il en disposeroit selon sa volonté :
qu'il sçauoit que ie l'aymois,*) parole qui me donnoit tout ensemble
la mort, & la vie, me perçoit le
cœur de pitié, & d'amour, & me
combloit de dueil & de ioye,)
*qu'il vouloit bien que ie fusse tes-
moing de la promesse qu'il faisoit à
Dieu, que s'il luy redonnoit la santé,
il ne se presenteroit iamais occasion*

pour son seruice, & pour sa gloire,
qu'il ne l'embrassast de tout son cœur:
A quoy , tout rauy d'vne responce si pieuse, & si genereuse,
i'adiousstray qu'il ne pouuoit mieux
faire que de mettre comme Dauid,
entre les mains de Dieu, non seulement sa vie, mais toutes ses fortunes, & celles de tous ses subiets qui
en estoient inseparables, que ces
diuines mains estoient seures pour
les maintenir, & fidelles pour luy
rendre , voire auec vsure, ce qu'il
leur auroit mis en depost: Mais
aussi que Dieu vouloit mettre ses
interests entre les siennes, & que
comme il auroit assez de bonté
pour luy prolonger sa vie, s'il le iugeoit à propos, il attendoit aussi de
sa part assez de fidelité pour mesna-
ger ses interests. *Ie luy ay promis,*
repliqua-il, *& ie luy tiendray parole,*

moyennant *fa grace.* Ah! Sire,
(pourſuiuis-ie) voſtre Maieſté, fait
bien ſa partie, parce qu'elle met
Dieu de ſon coſté, & lie ſes intereſts
auec les ſiens: Dieu ialoux de ſa
gloire prendra le ſoing de voſtre
conſeruation, que vous ne deman-
dez que pour ſon ſeruice, ou en
tout cas couronnera vos bonnes
intentions.

Ie retranche le reſte de ce premier entretion, que la diſcretion
me faiſoit abbreger pour n'intereſ-
ſer ſa ſanté, mais que ſa deuotion
prolongeoit, qui ne ſe plaiſoit qu'à
entendre parler de Dieu, & des
choſes de ſon ſeruice.

La ſeconde fois le trouuant vn
peu plus affoibly que la premiere, ie
m'auançay, & luy dis, que les en-
ſeignemens du Chriſtianiſme, ne
combattoient point les preceptes

de la Medecine, & qu'il pouuoit contenter sa deuotion, sans incommoder sa santé: qu'il n'estoit pas besoing qu'il s'efforçast beaucoup à parler: que c'estoit assez qu'il deueloppast son cœur à Dieu: qu'il y liroit tous ses desirs, & ne manqueroit pas d'y respondre, parce que luy mesme les auoit fait naistre, & qu'ils ne regardoient que son seruite, & l'auancement de sa gloire ; & pour appuyer ce conseil, ie luy alleguay ce verset de Dauid, que luy mesme auoit employé en l'vn de ses Offices. *Réjoüissez-vous au Seigneur, & il vous accordera les demandes de vostre cœur.*

Dele-Ctare in domino, & dabit tibi petitiones cordis tui.

Sa responce fut selon les sentimens de sa pieté. *Dieu sçait ce qui m'est necessaire : Ie m'en remets entierement à sa volonté ; la seule grace que ie luy demande, c'est de ne rien*

vien deſirer contraire à mon ſalut, &
à ſa gloire : en ce cas ie ne doute point
qu'il n'accorde tous mes deſirs.

Ie demeuray quaſi ſans repartie,
& tout ce que ie peus adiouſter en
me retirant, ce fut ce peu de paroles.
Cette demande, Sire, eſt trop iuſte,
qui rend toutes les autres iuſtes.
C'eſt pourquoy voſtre Maieſté, ne
doit nullement douter de l'octroy,
Dieu vous confirmera en cette
bonne volonté que vous auez de
le ſeruir fidellement iuſqu'aux dernier ſouſpris de voſtre vie, & pro-
longera voſtre vie autant qu'il le
iugera à propos pour voſtre
bien, & pour ſa gloire, qui eſt le
ſommaire de tous les deſirs de voſtre cœur.

La troiſieſme fois ayant eſté aſſez
heureux de le voir en vne diſpoſition beaucoup plus forte, & qui

donnoit lieu de bien esperer du re-
couurement de sa santé, ie m'auançay de luy dire plustost ce que mon
affection, & mes desirs me sugge-
roient, que ce que i'eusse appris par
quelque reuelation prophetique, à
laquelle ie ne defere pas legeremét;
que i'estimois que Dieu en faueur
de sa Maiesté, pourroit donner au
Sacrement de l'Extreme Onction,
qu'elle auoit receu auec vne deuotion si edificatiue, la mesme vertu
qu'il auoit du temps des Apostres,
qui estoit de restablir la santé corpo-
relle, en mesme temps qu'il effaçoit
les reliques des pechez de l'ame;
mais qu'elle se souuint de ses pro-
messes, & de ses obligations.

Ie men souuiens fort bien, me respondit ce Prince, *& m'en acquitte-
ray religieusement, Dieu aidant, ie n'i-
gnore point les soings que mes Mede-*

cins prennent pour ma santé, & leur
en sçay bon gré ; mais c'est à Dieu que
ie veux auoir la principale obligation
de l'auoir recouuerte, à fin que ie demeure plus fermement attaché à la resolution que i'ay prise de la consacrer à
son seruice, & de l'employer pour l'a-
uancement de sa gloire. N'ayant rien
à adiouster, & craignant de l'obli-
ger à parler dauantage, si ie luy fai-
sois quelque repartie, ie me retiray
auec vne humble reuerence, mais
vne admiration incomparablement
encore plus profonde de sa vertu.

La quatriesme, & derniere fois
que i'eus l'honneur de l'entretenir
en cette derniere maladie fut le iour
de l'Apparition de sainct Michel ; VIII.
de May,
où ie pris occassion de luy representer que cét heureux Archange,
estoit le Protecteur particulier de
la France, a qui sa Maiesté, auoit

L ij

toufiours eu vne deuotion finguliere, que fa fefte en cette année
tumboit au Vendredy, iour remarquable, pour eftre celuy de fa naif-
fance, & de fon Baptefme, & pour
auoir receu en ce iour beaucoup de
graces particulieres ; qu'en l'office
de ce Prince des Anges, l'Eglife
faifoit chanter ces beaux verfets du
Pfalme 102. Où ce fainct Roy inuite fon ame à la recognoiffance
des benefices dont Dieu l'auoit
comble, en ce qu'il luy auoit par-
donné tous fes pechez, guari toutes
fes infirmitez, rachepté fa vie de la
mort, & remply fes defirs de biens
en abondance : i'adiouftay qu'il n'y
auoit rien en tout cela, qui ne fut
conuenable à l'Eftat prefent, où fa
Maiefté fe trouuoit : & qu'il fe fou-
uint feulement auec le mefme Roy,
Prophete, de ietter tout fon efpoir

en Dieu, & de le laisser faire, qu'il
estoit assez bon pour vouloir, & assez puissant pour contenter tous les
desirs.

*Il ne sera pas mal-aisé, me répon-
dit-il ; parce que ie ne desire que l'ac-
complissement de sa volonté : ie regarde
d'un mesme œil la santé, & la maladie,
la vie, & la mort, pour ne me mesprendre au choix, ie ne veux point choisir,
& aime mieux m'abandonner entierement aux dispositions secretes de sa
prouidence que i'adore de tout mon
cœur.*

La tendresse, & la pitié qui me
serroient le cœur, & la langue, ne
pûrent pas me permettre de faire vn
plus long discours : ie me contentay
de luy dire en me retirant qu'il auoit
espuisé, & mes pensées, & mes paroles, que tout ce que ie pourrois
adiouster, seroit inutile, & ne pour-

L iij

Sperain
Domi-
no, &
ipse fa-
ciet.

roit pas le porter a vn Eſtat meilleur,
& plus aſſeuré que celuy où ie le
voyois; que ie n'auois qu'à prier
Dieu qu'il l'y maintinſt iuſqu'au
dernier ſouſpir de ſa vie, qui ne ſeroit qu'vn reſpir de celle de l'Eternité bien heureuſe.

Quelque infirmité m'ayant oſté
le moyen de me rendre auprez de ſa
Maieſté, les derniers iours de ſa vie,
ie n'en puis parler que par le rapport
d'autruy ; mais ſi aſſeuré qu'il ne
peut pas eſtre mis en doute, parce
que c'eſt de ſon propre Confeſſeur,
qui ne le quitta point, & de ce
grand Prelat, digne de ſucceder aux
Apoſtres, ou pluſtoſt l'Apoſtre des
Eueſques, & le Pere des Predica-
teurs, à qui cette gloire ſemble auoir
eſté reſeruée, pour combler les felicitez de ſa vie, d'auoir eſté depoſitaire des derniers ſecrets, & des der-

Monſei-
gneur
l'Eueſque
de Li-
zieux.

nieres paroles de ce Prince, incomparable en pieté, en generofite, &
en courage.

L'honneur qu'il me fait de me
donner le tiltre de fon fils, & de me
traitter auec vne bonté paternelle
m'a fait prendre la liberté de le fup-
plier tres-humblement de me vouloir donner vne partie des entretiens, dont il auoit charmé les oreilles, & le cœur de ce Prince mourant, pour inferer dans ce petit ouurage que ie donne au public pour
honorer la memoire d'vn fi grand
Roy.

Sa bonté ordinaire luy ayant fait
confentir à l'octroy de ma tres-humble fupplication, contre les mouuemens de fon humilité qui ne recherche que les cachettes; voicy en abbregé vne partie de ce qu'il luy à
pleu me mettre entre les mains, en

L iiij

ayant defia rapporté quelques traits en quantité d'endroits de ce dif-cours, comme pierres precieufes que i'ay enchaffees pour luy donner de l'ornement, & de l'efclat.

Ie vous demande donc, Mef-fieurs, renouuellement d'attention pour le refte qui ne vous fera pas moins admirer la pieté, & les vetus Chreftinnes de ce Prince mourant, que l'Eloquence, & finguliere adreffe de ce Prelat, le confolant, & difpofant à bien mourir.

I'en feray le recit nuëment fans alteration de la fubftance, & pref-que en mefmes termes, ne pouuant pas en effet fans crime y rien chan-ger, ny alterer; parce qu'il ne part rien de fon Efprit, & de fa plume qu'il ne foit acheué.

Le douziefme iour du mois de May, fur les cinq à fix heures, qui

fut incontinent apres qu'il eut receu le sainct, & precieux Viatique
des Chrestiens, s'estant approché
de son lict : ce Prince, le preuint, &
luy dit d'abord en presence de quantité de personnes de condition, qui
le regardoient du pied de son lict,
& qui prestants attentiuement l'o-
reille à vne bonne partie de leurs
colloques, & entretiens ; *Vous
voyez vn homme qui court tant qu'il
peut à la mort, mais Dieu mercy c'est
sans aucun regret.* Quelle constance!
C'est, luy repartit ce sage & digne
Consolateur, c'est, Sire, vn effet de
courage, & generosité, de ne pas
craindre la mort; mais c'est aussi vn
enseignement du Christianisme de
craindre les choses qui la suiuent,
comme en effet, elles nous feroient
effroyables, si l'innocence ne nous
en defendoit, où vne parfaite, &

entiere penitence: C'estoit assez dire pour toucher le cœur de ce Prince, si sensible à toutes les choses de
son salut, qui luy fit aussi tost cette
responce. *Pour l'innocence, Monsieur,*
i'en suis bien esloigné; mais pour la pe-
nitence, i'ay fait tout ce que mon Con-
fesseur m'a dit, qui est, comme vous
sçauez, homme de bien, & fort sça-
uant. Tout cela est tres vray, pour-
suit le Prelat; neantmoins i'estime
que vostre Maiesté, fera tres-bien
de produire de temps en temps des
actes de penitence, & particulierement de Contrition qui en est l'a-
me. *Formez moy cette acte, ie vous en*
prie, (repliqua-il) *ie le diray apres*
vous, & de tout mon cœur, ie vous en
asseure. Il fut promptement obey:
Et voicy l'acte que ce sçauant, & solide Prelat, forma, & luy fit prononcer, parlant à Dieu.

Seigneur, i'ay tant de regret de vous
auoir offensé, que ie voudrois s'il estoit
possible, changer ce mal'heur auec tout
autre sorte de maux, non pas pour les
maux que ie crains de vous, non pas
pour les biens que i'attens de vous, mais
pour les biens qui sont en vous. Ce
qu'il prononçoit d'istinctement
apres luy, mais auec tant de larmes,
& de gemissement qui entrecoup-
poient ses paroles, qu'il paroissoit
clairement, qu'il estoit inspiré de
cét Esprit, qui prie pour nous par *Spiritus*
des gemissemens inenarrables, sur *postulat*
tout redoubla-il ses larmes, & ses *pro no-*
bis gemi-
sanglots, lors que s'estant fait expli- *tibus*
quer cét acte vn peu plus au long, *inenar-*
rabili-
& l'ayant voulu repeter pour la se- *bus.*
conde fois, il tomba sur ces paroles.
Ie voudrois changer, s'il estoit possible
l'offence que i'ay commise contre vous
auec toute sorte d'autres maux. Oüy cer-

res, dit-il esleuant sa voix aussi bien que son cœur à Dieu, *Oüy certes, ie le voudrois, ô mon Dieu, & fust ce le plus grand supplice de tous les Martyrs.*

Or bien qu'il ne soit pas absolument necessaire de faire autant d'actes particuliers de Contrition, comme il y à de pechez particuliers que nous auons commis contre Dieu, en-tant qu'vn seul acte de Contrition parfaite, produisant la grace, bannit par consequent tous les pechez, & reconcilie l'ame auec Dieu : neantmoins il est certain que la pensée actüelle de ses pechez, & notamment des principaux aide grandement à former cét acte. C'est pourquoy ce grand Prelat, & tres-sçauant Theologien, se donna la liberté de le fonder sur trois ou quatre chefs tres importans, où il

iugeoit que sa conscience auoit pû
estre engagée.

Il luy parla des duels qu'il auoit si
long temps soufferts en France, sur
le subiet desquels il luy auoit fait
autrefois vne si longue, & efficace
remonstrance, qu'elle tira parole de
sa Maiesté, de ne donner plus de grace à ces gladiateurs à outrance, qui
rendent coupables les hommes d'v-
ne ferocité que les bestes de mesme
espece, ne cognoissent point, &
font renaistre en nos iours sous vn
faux pretexte d'honneur, ce culte
infame des idoles, alterez du sang
humain, que le Fils de Dieu auoit
renuersé par sa venüe, & aboly par
le sang de sa Croix.

Ie me souuiens fort bien de vostre
harangue, & de ma promesse, luy respondit le Roy, *le Chancellier de Sil-*
lery, & Monsieur le Garde des Seaux

du V air, estoient aupres de moy, mais cela a esté bien mal gardé : tant pis, Sire, luy repliqua nostre digne Prelat, auec sa liberté Euangelique : la faute ne laisse pas d'estre extreme : car vous aurez à combattre tout ce sang qui fera contre vostre Maieste, vne clameur espouuantable, si Iesus-Christ, & la penitence ne l'arrestent : Il n'en falloit pas tant pour esmouuoir ce cœur, dedans lequel la crainte de Dieu estoit si viuement empreinte. *Quand ieusse (adiousta-il (vsé de toute sorte de rigueurs, la plus part ne se fussent pas moins battus , tant cette fureur auoit pris de fortes racines en ce Royaume : i'aduoüe pourtant qu'en cela i'ay grandement peché : & que pourrois-ie faire en l'Estat où ie suis pour expier vn si grand crime?* Penitence, Sire, replique nostre pieux Prelat. *Dites moy tout ce que ie dois*

faire, Respond le Roy, *& vous
verrez que ie le feray de tres-bon cœur :
Si mon fils estoit en aage, ie luy ferois la
dessus vne belle leçon, pour l'empescher d'estre en sa mort en la peine où ie
suis.*

Apres vn peu de pose, il luy enta-
ma le discours de la feu Reyne, sa
Mere, où il exaggera auec sa force
d'Esprit accoustumée le commian-
dement que Dieu fait aux Enfans
d'honnorer leurs peres, & leurs meres, qui est le premier sous promesse,
& qui n'emporte pas seulement les
submissions de paroles, mais les seruices, les secours, & les assistances.
Et luy demandant, s'il l'entendoit,
& s'il n'y auoit rien au traittement
qu'auoit receu cette Princesse, qui
luy donnast de la peine à l'Esprit. Il
luy respondit par les yeux. *Helas!
que puis-ie faire à present?* Dites, Sire,

luy respond son digne Consolateur.
I'ay peché contre le Ciel, & deuant
vous, & ne suis pas digne d'estre ap-
pellé vostre fils, parce que i'ay tant
manqué au deuoir de fils : Ce qui'l dit,
& quantité d'autres paroles accom-
pagnées de tant de larmes, qu'il tesmoigna assez l'extreme regret qu'il
en auoit : Et ayant demandé pardon à Dieu, & à elle, leur colloque,
& l'entretien de ce premier iour
finit ; auquel ce charitable Prelat,
nonobstant sa foiblesse, & son
grand aage demeura quasi iusqu'à
deux heures apres minuict.

Le lendemain s'estant rendu
aupres de sa Maiesté, sur les six à
sept heures du matin, où il trouua
son Confesseur, il fut salüé par ce
Prince, du tiltre de *Pere*, qu'il luy
auoit donné dés le soir, & qu'il luy
continua iusqu'au dernier soulpir,

                    &que

& que les plus grands de la France,
tiennent à honneur de luy donner.
*Vous soyez le tres-bien venu, mon
Pere*, luy dit-il, *nous parlerons comme hier des bonnes choses; ie m'en vay
à grand pas, où mon cœur est desia, en
Paradis, où ie verray mon Dieu, à
qui i'aspire*; puis apres quelque petite pause, *I'ay*, dit-il, *beny mon fils,
en demandant à Dieu, qu'il le rende digne du nom de Tres-Chrestien, hono-
rant, comme il doit, sa Mere, & aimant son peuple comme ses enfans: Si
Dieu m'eust donné plus de vie, i'eusse
essayé de le faire nourir comme il le doit
estre, ie m'asseure que la Reyne n'y ou-
bliera rien.*

Apres ce discours ce Prelat plein
de zele qui l'auoit escouté sans l'in-
terrompre, se iette sur vn autre, &
commence à luy representer le de-
luge de maux, & de desolations

M

que la guerre auoit causé, non seulement en la France, mais en la plus
part de la Chrestienté; & luy de-
manda, s'il n'y auoit rien en tout
cela qui luy donnast de l'inquietude, & de l'apprehension.

Il respondit à ce point fort fran-
chement, *Qu'il n'en auoit aucune,*
qu'il n'auoit entrepris cette guerre, que
pour la defence de ses Alliez, & de son
Estat, à quoy la Charité publicque, &
la loy naturelle, l'obligeoient, & que
depuis qu'elle auoit esté commencée, il
auoit fait tout ce qu'il auoit pû pour
auoir la paix, mais qu'il luy auoit esté
impossible d'emmener ceux a qui il
auoit à faire à des conditions raisonna-
bles, quoy qu'on sçache bien qu'ils
eussent plus de raison d'estre lassez de la
guerre, & d'en apprehender la conti-
nuation que luy. Et sur ce qui luy fut
adiousté par le mesme Prelat, que

beaucoup de defordres, auoyent
efté commis durant la guerre, qui
auoient quafi defiguré toute la face de la terre, & defolé fon peuple.
*Il n'eſt que trop vray, repartit-il, mais
ie ne l'ay pû empefcher, & tout ce que ie
puis faire, eſt de demander à Dieu, auec
douleur, qu'il me laue de mes pechez ca-
chez, & me deliure des eftrangers. Ie
vous prie, perfuadez à la Reyne,
qu'elle fe porte à la Paix, fi toſt qu'elle
le pourra auec l'honneur du Roy, du
Royaume, & le fien. Et pour ce qui eſt
des miferes de mon peuples, fi ie pouuois
foulager fes fouffrances, il n'y en a
point que ie ne le fouhaittaffe & em-
braffaffe de bon cœur.* O cœur Royal,
& vrayement Paternel! ô bonté
trop toſt efteinte, mais tres-digne
d'amour, & de larmes!

 Ie ne dis rien de ce deffein fi glorieux, qu'il communiqua en fuite

Ab oc-
cultis
meis mű-
da me,
& ab
alienis
parce
feruo
tuo,

M ij

cét Apoftre de l'Eglife , touchant
la reduction des defuoyez par les
voyes douces & amiables , par ce
que i'en ay defia parlé fur le fubiect
de fa pieté , & de fon zele à l'endroit
de l'Eglife.

Mais ie ne puis oublier la faluta-
tion qu'il donna à ce fien Pere Spi-
rituel, fe prefentant à luy fur les cinq
à fix heures du matin de ce trifte
iour quatorfiefme de May , qui
nous a rauy noftre bon Prince. *Mon
Pere* , luy dit il , *voicy le iour du
grand combat, le corps y fuccombera,
mais l'Ame remportera la victoire, ie
verray Iefus, ne me quittez pas auiour-
d'huy, & me faites faire force petites
oraifons :* ce qu'il fit en effet auec des
fentimens d'vne deuotion fi tendre, qu'il tiroit les larmes de tous
les affiftans.

Ie ne doibs pas non plus obmet-

tre ce prodige de generosité Chrestienne qu'il tesmoigna le mesme
iour, lors que son Confesseur luy
annonça que ce deuoit estre le dernier de sa vie, & qu'il falloit preuoir
serieusement à ce grand voyage,
d'où il n'y a point de retour, qu'il
embrassa amoureusement aussi bien
que le tres-aimable Prelat, qui ne
le quitta pas vn moment.

Aussi peu pourrois-ie passer
sous silence, quoy que la douleur
me suffoque, & que les larmes qui
coulent de mes yeux tombant sur
mon papier effacent tous les chara-
cteres, que ma plume s'est efforcée
d'y imprimer, ce triste & dernier
Adieu, que se dirent ces deux ames
Royales, sur les six heures du matin
de ce funeste iour, où l'on peut dire
que ces deux grands flambeaux de
la France parurent quasi esteints en

mefme temps, l'vn par la mort,
l'autre par la douleur ; ou pluftoft
que ces deux cœurs qui n'auoient
vefcu qu'en leur mutuelle vnion,
au point de cette feparation fe don-
nerent la mort l'vn à l'autre. Mes
yeux, deftournez vous de ce fpecta-
cle d'amour & de pitié, ou m'or-
donnez que ie me retire: car la douleur qui me ferre le cœur, eftouffe
les paroles dans ma bouche. Cette
pieufe Reyne, n'eft pas pluftoft appellée qu'elle accourt en diligence
pour receuoir le coup de mort, que
fon amour luy donnera, de voir
mourir celuy qu'elle aimoit comme
fa propre vie: elle fe iette à genoux
au cheuet de fon lict, prend fa main,
& la baife, ils s'embraffent mutuel-
lement, & en s'embraffant s'embra-
fent d'vn nouueau feu qui vit, &
fe nourrit dedans leurs larmes, ils fe

donnent l'vn à l'autre, non sans
souleuement de cœur le dernier bai-
ser, comme vn gage de leur fidelle
& cordial amour qui ne s'esteindra
pas auec leurs vies, l'vn & l'autre en
cette extremité se font violence
pour cacher leur douleur, la Reyne
qui a le cœur serré par la pitié, tasche
d'ouurir l'oreille pour receuoir les
dernieres paroles du Roy mourant,
son cher Espoux, & luy qui tiroit
force de sa foiblesse, ou plustost de
son amour, qui se fortifioit dans
l'affoiblissement de son corps, & receuoit nouuelle vie, pendant que le
corps sans bouger de sa place mar-
choit à grand pas vers la mort, ou-
urant sa bouche, & d'vne constance digne de couronner toutes les
actions d'vne vie si genereuse, luy
dit ces mesmes mots, dignes d'Eternelle memoire. *Nous auons esté long-*

M iiij

temps ensemble: Dieu qui nous y auoit mis, nous separe: ie vous recommande nos Enfans. Puis donnant quelque chose à la nature, & à la compassion de voir sa chere moitié fondante en larmes, qui l'empeschoient de luy respondre, tourne sa teste de l'autre costé, & iette quelques larmes: apres lesquelles l'amour qu'il auoit tousiours eu pour son Estat, resueillant ses soings, luy fist appeller Monseigneur le Prince, à qui d'vn Esprit de Sainct & de Prophete, il dit, *Que les ennemis estoient aux portes;* (ce que malaisément il eust pû apprendre par les couriers ordinaire) *mais que son Fils les chasseroit* (ce que l'euenement à fait voir) *& qu'il luy recommandoit la Reyne, & ses Enfans.*

Ie ne puis pas encore taire, par-ce qu'il retourne à la loüange, & du

Roy, & de son digne Consolateur,
comme ce Prelat plein de zele, & de
charité pour le peuple luy ayant re-
monstré les maux inoüis & inex-
plicables, que causoient les parti-
sans à son pauure peuple, dont
comme sang-sues, ils auoient si bien
succé la substance, qu'on pouuoit
dire auec beaucoup de verité, mais
non sans extreme douleur, qu'il ne
viuoit quasi plus, mais trainoit vne
chetiue & languissante vie, trem-
pant son pain dedans ses larmes, &
n'ayant autre consolation qu'à
pleindre le mal qui l'accabloit : &
son Confesseur luy ayant respondu
qu'il en auoit déja entretenu sa Maiesté, laquelle auoit fait là dessus
tout ce qu'on pouuoit desirer, ce
Prince adiousta, *Que si Dieu m'eust*
donné plus de iours, i'y eusse encore don-
né ordre à quel pris que c'eust esté, & le

pria d'en parler à la Reyne, comme
ie ne doute point qu'il n'ait fait auec
sa charité ordinaire tres-efficace-
ment.

En fin, ie n'obmettray pas ce
mot, d'autant plus remarquable,
que ie croy, que ç'a esté le dernier de
sa vie, qu'il dit à son mesme Consolateur, lequel faisant la fonction de
Medecin du corps, aussi bien que de
l'ame, apres luy auoir tasté le poulx
au bas du bras, puis au haut sans le
trouuer, & par son commandement mis la main en son sein, pour
voir si le cœur battoit encore, &
l'ayant asseuré qu'il y trouuoit encore de la chaleur, & du mouuement,
il luy respondit, *I'espere qu'il sera bien
tost en répos, & que Dieu luy pardon-
nera ses fautes*: Apres quoy, & quelques autres actes de Contrition
qu'il faisoit plus du cœur que de la

bouche, trop affoiblie, & apres
auoir embraßé, & donné le fainct
baifer à cette heureux Prelat, il pert
entierement l'vfage de la parole &
des fens, & trois quarts d'heure
apres auec la mefme tranquillité
qu'il auoit vefcu, & qu'on auoit remarqué durant toute fa maladie, il
meurt, & rend doucement fon Efprit entre les mains de Dieu, pour fe
repofer de tous fes trauaux, fes yeux
& fa bouche luy font fermez par ce
fainct Euefque, & fon Chirurgien,
qui acheua ce qu'il auoit commencé. Ie veux croire pieufement que
les yeux font ouuerts pour luy donner paßage, à s'enuoler dans les ef-
paces immenfes de l'Empyrée.

Voila la veritable, mais lamentable, Hiftoire de fa mort : Voila
comme il finit fa vie pour commencer fon bon-heur, apres trente trois

ans de regne, nombre remarquable, parce que c'est celuy des années
que Iesus-Christ Roy des Roys, à
voulu viure sur la terre; le quatorziefme May, datte qui ne doit non
plus estre oubliée, parce que ce fut
le mesme iour qu'il monta sur le
Thrône, par la cheute violente, &
desastreuse de son Pere, HENRY,
le Grand : mais quatorziefme May,
où cette année tomboit l'Ascen-
sion du Fils de Dieu dans le Ciel;
ce qui merite encore d'estre consideré, comme si ce Prince, n'eust
quitté la terre que pour accompa-
gner Iesus-Christ son Maistre dans
le Ciel, & le suiure dans ses Triomphes, comme il l'auoit imité dans
ses combats, & receuoir de sa main
auec la loüange de ses vertus les recompenses de ses merites, que sa
Iustice ne luy peut pas dénier, parce

qu'il auoit aimé la Iustice, & qu'il
pouuoit dire auec raison ; Ouurez
moy les portes de la Iustice, à fin
qu'estant entré, i'annonce les loüanges de Dieu, l'ouuerture ne m'en
peut pas estre deniée, puis que c'est
la porte par où entrét les iustes, Oüy
c'est en cette porte de la mort qu'il
rencontra son cher Maistre, qui luy
a ouuert celles du Ciel en mourant,
& qui le daigne asseurer de sa bouche diuine, qui ne prononce que des
Oracles, qu'ayant aimé la Iustice, sa
Iustice s'employeroit pour le couronner: qu'ayant ietté en terre auec
pleurs les semences, de tant de belles vertus qu'on luy auoit veu pratiquer, & dont luy mesme estoit le
tesmoin & le Iuge, il estoit sur le
point de moissonner les fruits, &
s'en repaistre toute l'Eternité: qu'ayant porté la Couronne sur bras du

Aperite
mihi
portas
iustitiæ,
ingressus
in eas
confite-
bor Do-
mino, iu-
sti in-
trabunt
in eam.

Dicite
Iusto,
quoniam
bene
fructus
adinuen-
tionum
suarum
comedet.

rant sa vie, qui est toute dans les
combats, comme ce braue Cham-
pion Chrestien, dans Tertullian, il
la porteroit dans le Ciel sur la teste,
pour marque de ses victoires, & de
son Triomphe auec Iesus-Christ :
que puis qu'il auoit combattu le
bon combat, gardé la foy, & con-
sommé la course, c'est à dire, perseueré iusqu'au dernier souspir de sa
vie dans la Foy, & obeyssance de
son Maistre, qui estoit là comme
son iuste Iuge, pour luy rendre la
Couronne de Iustice, qu'il n'auoit
garde de luy desnier, tant parce
qu'il l'a promise à ceux qui auront
esté fidelles comme luy, que parce
que c'est le prix mesme des graces
qu'il luy auoit données pour le fortifier dans les combats, & que Dieu
ne Couronne iamais nos œuures,
selon sainct Augustin, qu'il ne Cou-

ronne aussi ses dons, qui ont rendu
nos œuures dignes d'estre couron-
nées. Bref, qu'il ne perdroit pas sa
couronne, mais qu'il l'eschange-
roit en vne incomparablement plus
esclattante, & plus souhaittable,
puis que la premier n'estoit qu'vne
Couronne de choses mortes, qu'il
n'auoit receu que par la mort de son
predecesseur, n'auoit prise qu'à
condition de la quitter par la mort,
& ne laissoit qu'à ceux qui auoient
la mesme obligation de mourrir:
ou celle qu'il alloit acquerir pour
prix de ses combats, estoit vne Couronne de vie, & qui ne tomberoit
iamais, ny ne pourroit estre arra-
chée de sa teste. O heureuse condition, aduantageux eschange! quitter la terre pour le Ciel, la peine
pour le repos, les combats pour les
Couronnes, & quelques peu de

iours d'vne vie confuse, & trauerſée pour vne eternité de gloire, & de felicité!

Vous me direz que ie parle de la gloire de ce Prince, auec autant d'aſſeurance, que ſi i'en auois vne particuliere reuelation.

Il eſt vray, i'en parle maintenant que ſon combat eſt acheué auec la meſme aſſeurance, que ie l'euſſe predit auant ſa mort, mais differemment: lors ſous la condition de la perſeuerance en vne ſi belle vie que celle qu'il menoit: mais maintenant par la cognoiſſance de l'heureuſe conſommation de ſa courſe, qui ne s'eſt faite que pour luy acquerir vn repos eternel.

Et pour l'vne & l'autre, la prediction du futur, & l'aſſeurance du preſent, la ſeule reuelation generale qui fonde noſtre foy, eſt ſuffiſante

ſans

fans recourir aux lumieres particulieres, & extraordinaires, où il y a
fouuent plus d'illufion que de verité.

Si les Aftrologues fe meflent de
deuiner les chofes à venir, les Theologiens le font auffi; mais ce n'eft
pas de mefme forte : leurs Phœno-
menes & obferuations font fort
contraires : car les premiers predifent ce qui arriue en terre, par l'inf-
pection des chofes qui fe paffent au
Ciel ; où fouuent ils fe trompent ;
parce que leurs regles ne font affeurées : les Theologiens, au contraire
predifent le bon-heur futur des
hommes dans le Ciel, par les belles
actions qu'ils font & les vertus
qu'ils pratiquét en la terre; pourueu
qu'ils perfeuerent iufqu'à la mort,
comme noftre grand Prince ; lequel
ayant tout à fait perdu la parole &

N

l'vſage des ſens, vn quart d'heure auant qu'expirer, donna encore auec ſes levres mourantes le petit ſignal qu'il auoit promis à ſon Conſeſſeur de la genereuſe reſiſtance qu'il feroit aux tentations qui luy puurroient eſtre liurées en cette extremité, ſoit contre la Foy, ſoit contre la Charité: vne telle prediction ne peut iamais manquer d'eſtre veritable, ſuppoſant l'accompliſſement de la condition, non plus que l'aſſeurance qui s'en fait aprés que cette condition eſt accomplie, parce qu'elle a pour principe l'Oracle de verité, qui aſſigne la gloire pour recompenſe à la Vertu, & fait ſuivre le ſalut de la perſeuerance, appellez les œuuriers, & leur rendez leur recompence: *Celuy qui perſeuerera iuſques à la fin ſera ſauué.*

Dites au Iuſte qu'il a bien fait, & qu'il mangera les fruicts de ſes mains.

Voila ſans doute de grands ſu-iets de conſolation que nous pou-uons prendre en la mort de noſtre bon Maiſtre, mais ils ſuppoſent ſa mort, & c'eſt ce qui renouuelle no-ſtre douleur, & la grandeur de ſa gloire proportionnée à celle de ſes vertus, nous deſcouurant celle de noſtre perte, leue tout de nouueau la bonde de nos pleurs, & rompt le fil de noſtre diſcours pour donner quelque ſoulagement à nos ames. Et certes, ce n'eſt pas merueille ſi vne douleur ſi ſenſible couppe le diſcours, puis qu'elle perce l'ame, & ſi elle nous diuertit aux larmes, lorſque nous ſommes plus engagez à parler, parce que les larmes ſont le principal adouciſſement de la

N ij

douleur. Vne violente tristesse, comme celle que nous deuons auoir de la mort de nostre Prince, fait mourir les paroles en nostre bouche, confond nostre iugement, & suspend nostre ame dans vne extase pleine d'images de chagrins & d'estonnemens, qui ne sçait faire autre chose pour se soulager, que de produire auec confusion ses regrets, & souuent accuser le Ciel d'iniustice, de luy auoir rauy son bien, & de trop grande dureté, d'auoir esté inexorable à ses prieres : & ne croit pas exceder en ses plaintes, non plus qu'en ses douleurs ; puisque la cause des vnes & des autres est excessiue, qui est la mort de celuy qui la faisoit viure, & à la vie duquel estoient attachées les vies de tant de peuples : mort qui en effet n'auroit pas merité tant de larmes & tant de plaintes,

si sa vie n'auoit esté digne de tant de
loüanges, & d'vne recommenda-
tion immortelle.

O larmes, où estes vous? où
vous estes vous restirées, ô Fontaines
de larmes? Que ne coulez vous sur
ma face, pour arrouser la tombe de
ce grand Roy, que la cruelle mort
ennemie de nostre repos nous a enleué au milieu de sa course.

Qui donnera de l'eau à ma teste,
& à mes yeux des fontaines de lar
mes pour pleurer nuict & iour le funeste trespas de celuy qui faisoit
tout nostre bon-heur & nostre
ioye?

Le Roy est mort, & nous ne mou-
rons pas de deueil & de douleur? le
Soleil de la Fráce est eclipsé, & nous
n'apprehendons point, & n'apper-
ceuons point nos tenebres? O insensibilité! O aueuglemét deplora-

O lacry-
ma, vbi
estis?
vbi vos
subtra-
xistis
fontes
lacryma-
rum?
fluite
super fa-
ciem
meam &
rigate
maxillas
meas.

Quis da-
bit capi-
ti meo
aquam,
& oculis
meis fon-
tes la-
cryma-
rum, vt
fleam
per diem
& no-
ctem.

ble! Noftre mal'heur eft extreme,
& noftre dueil ne paroit pas! Tant
il eft vray que les miferes de l'homme font au deffus de fes fentimens,
& qu'il eft plus capable de fouffrir,
qu'il ne l'eft de fe plaindre.

En la mort de Iudas Machabée,
l'Hiftoire faincte nous apprend que
toute la ville de Ierufalem fut ar-
rouſée de larmes, & que depuis le
plus petit iufqu'au plus grand, ieunes, vieillards, hommes & femmes
s'ectioient, comment a pû mourir
le puiffant qui fauuoit noftre peuple? Et nos voix de complaintes ne
s'elleueront pas iufqu'aux Cieux
pour le trefpas du Grand LOVIS,
qui n'a pas feulement preferué la
France de la cheute, dont tant de
factions la menaçoient, mais l'a éle-
uée au deffus de la refte de tous fes

ennemis ? O ingratitude defna-
turée.

En la mort de Saül, Dauid ne fe
contente pas de maudir les monta-
gnes de Gelboë, qui auoient receu fon fang, mais inuite tous les ha-
bitans de Sion à efpandre des larmes. Pleurez, difoit il, fur voftre
Roy qui vous habilloit d'efcarlate,
& vous paroit de fes ioyaux en la
folemnité de vos Feftes : & neantmoins c'eftoit vn Roy reprouué.

LOVYS, le plus vaillant des
Capitaines, & le meilleur de tous
les Roys, choifi de Dieu, chery des
Anges, & les delices des hommes
eft mort, & on n'entendra pas vn
fanglot de nos poictrines ? on ne
verra pas couler vne larme de nos
yeux ? O dureté & infenfibilité
inoüie ! Helas ! Quand ferons nous
touchez d'humanité & deuien-

drons sensibles à la pitié, si ce n'est
à la representation d'vn obiet si pitoyable, de voir sans vie, sans sentiment, sans mouuement, celuy, qui
donnoit la vie, le sentiment & le
mouuement à toute cette grande
Monarchie, celuy qui commandoit
à tant de villes, & sous le Sceptre duquel tant de peuples courboient la
teste, n'estre maintenant qu'vn peu
de terre & de poussiere? Celuy qui
auoit rendu toute l'Europe attenti-
ue a ses Triomphes, seruir maintenant d'appareil au Triomphe de la
mort, comme le moindre des hommes? O vanité de la gloire mondaine? O fragilité de la puissance humaine! puis qu'il n'y a point de
gloire qui ne s'eclipse, de grandeur
qui ne soit abbattüe, & de Maiesté
qui puisse se garentir du trepas, ne
laissant qu'vn triste souuenir d'a-

uoir esté, auec la honte qui nous
reste d'auoir eu tant d'admiration
pour des choses si fresles, & qu'on
ne peut en effet nommer biens,
qu'auec les termes de rabais, c'est à
dire, caduques, fragiles & perissa-
bles, que nos seules opinions font
paroistre, & que nostre folie ag-
grandit.

O May ! te compterons nous
doresnauant entre les mois de l'année, puis que tu nous as fait perdre
nostre Mars ?

Est-ce donc là ce beau Printemps, qui auoit de coustume d'es-
mailler la terre de tant de riches &
aggreables fleurs, & de nous donner des iours si beaux & si sereins? O
inconstâce deplorable ! Cruel May,
non plus mois de Printemps, mais
d'vn hyuer tres rigoureux, tu as gelé
cette année nostre beau Lys, desci-

ché tout l'ornement de noſtre France, le plus delicieux parterre de l'vniuers, & nous as tous enueloppez
en vne profonde nuict de mortelles
angoiſſes, faiſant eclipſer noſtre
Soleil.

Seray-ie plus patient que Iob en
vne affliction ſi ſenſible, pour
m'empeſcher de maudir, non le
iour de ma naiſſance, quoy que
deſtiné à vne longue ſuite de mal-
heurs, mais ce quatorzieſme de
May ſi funeſte à la France, puis
qu'il luy a rauy de ſuite les deux plus
grands & plus aimables de ſes Roys:
ſi deſaſtreux à l'Egliſe, qui a veu
perir l'vn apres l'autre ſes deux fils
aiſnez plus cheris, & plus aſſeurez
protecteurs : & ſi lugubre pour
nous tous, qui demeurons priuez
de la preſence de celuy qui faiſoit
toutes nos delices, & dont l'abſen-

ce ne nous doit pas moins cauſer
de regrets & de plaintes, que ſa preſence nous apportoit de gloire & de
felicité : eſtant certain que rien
n'accroiſt tant les miſeres preſen-
tes, que le reſouuenir d'auoir eſté
autrefois fort heureux.

Mais helas ! Où ſuis-ie? Et que
dis-ie? Pardonnez moy Meſſieurs,
ma douleur me confond, & la violence de la iuſte paſſion qui m'emporte me fait oublier, & le ſuiet
pour qui ie parle, & le lieu où ie
ſuis, & la dignité dont ie ſuis honoré.

Ie parle d'vn Roy qui a trouué
ſon bon-heur en ſa mort, & neantmoins ie ne donne non plus de borne à mes plaintes que ſi ſa gloire
auec ſa vie auoit eſté eſteinte par la
mort, & qu'il ne reſtaſt plus de luy

que ce qui eſt renfermé dedans ſa tombe.

Ie ſuis en cette chaire qui enſei-gne à ſe reſioüir en la mort des Sainɛts, pource qu'elle eſt precieu-ſe deuant les yeux de Dieu, & qu'e-ſtant morts au Seigneur, ils ſe re-poſent de tous leurs trauaux : & ie m'afflige ſans meſure pour le trépas de noſtre IVSTE, & Sainɛt Roy, comme ſi ſa perte eſtoit ſans reſour-ce, & qu'il ne fuſt pas encore vi-uant, & dans le Ciel brillant de gloire par l'aſpeɛt de la Maieſte reſ-plandiſſante de ſon Dieu, & icy bas dans la memoire des hommes par l'odeur de ſa bonne vie & l'eſclat de tant de belles vertus qu'on luy a veu pratiquer, dont le temps ne pourra iamais effacer les idées.

En fin, i'ay l'honneur quoy qu'indigne de ſucceder aux Apo-

ſtres, & d'auoir part au miniſtere de
l'incomparable Sainct Paul, qui
nous defend de pleurer auec excez
ſur le deceds de ceux, qui, comme
noſtre bon Prince, ne ſont pas tant
morts en effet, que doucement en-
dormis, & qui doiuent vn iour eſtre
reſueillez pour iouïr de ce iour qui
n'aura plus de nuict, & prendre
poſſeſſion de cette felicité, qui ne
ſera point bornée par la courſe de
toutes les années; & neantmoins ie
ne borne non plus mes regrets, que
ſi i'auois perdu, & la croyance de
ſon bon-heur, & l'eſperance d'en
iouïr vn iour auec luy.

contri-
ſtari ſi-
cut gen-
tes que
ſpem
non ha-
bent.

C'eſt là le haut point de la folie
des hommes qui taſchent d'embel-
lir leur mal par le diſcours, & tra-
uaillent à tirer par artifice l'image de
leurs afflictions, pour les rendre
plus agreables.

Nous naiſſons orateurs pour repreſenter & exaggerrer nos miſeres , & pour gemir dans les tempeſtes qui nous ſurprennent, mais fort peu attentifs à les adoucir, & moins encore ſoigneux d'en profiter, tirans le miel de la pierre, & l'huile du caillou, ç'eſt à dire , en deſmeſlant les choſes qui ſont confuſes, & trouuans dans les ſuiets de nos miſeres les raiſons meſmes de noſtre conſolation. En effet, Meſſieurs, il ne faut pas s'imaginer que les maux qui nous arriuent icy bas ſoient extremes : les accidens humains ont diuerſes faces, ſelon leſquelles ils peuuent entretenir noſtre douleur, & fournir des motifs à noſtre ioye, & nos larmes ne ſeront iamais iuſtes, ſi elle ne ſont vn peu diſcretes.

Or le moyen de les rendre tel-

les au subiet qui leur lasche la bonde, & attendrit nos cœurs, qui est
le trépas de nostre bon Roy, c'est
de prendre pour nous le conseil que
donnoit le Sauueur aux filles de Ierusalem , qui l'accompagnoient
auec pleurs au Caluaire, où il deuoit
finir ses iours par la violence des
tourmens , Filles de Ierusalem, ne
plorez pas sur moy, mais sur vous
mesmes.

Le suiet de nos larmes ne doit
pas éstre la mort de nostre aimable
Prince, parce qu'il gagne beaucoup
en cette perte, que nous nous figu-
rons qu'il a faite, n'ayant quitté la
terre que pour acquerir le Ciel, &
laissé la vie entre les mains de la
mort, que pour en reprendre l'immortalité.

Laissons Dauid pleurer sur la
mort d'Absalon son fils, pource

que c'eſtoit vn rebelle, vn denaturé, vn reprouué; mais pour nous autres conſolons nous en celle de noſtre Prince, qui n'ayant veſcu que pour mourir, n'eſt mort que pour reui-ure, & vit maintenant pour ne mourir iamais.

Ne pleurons pas pour le depart de celuy, qui ſans doute pleureroit noſtre demeure icy bas, ſi le bon-heur qu'il poſſede là haut n'eſloi-gnoit de luy les douleurs & les lar-mes.

S'il y a lieu de pleurer, ce doit eſtre à cauſe de nous meſmes, ſur qui tombe toute la perte, & qui auons adiouſté le crime à la diſgra-ce, & eſté nous meſmes les Autheurs de noſtre propre mal'heur, en tant que par nos pechez nous auons al-lumé les flambeaux de végeance en la main de Dieu, pour nous punir en la

en la personne de noſtre Iuſte Roy:
ce qui n'eſt pas vn petit argument
de ſon courroux; puis que pour les
fautes des coupables, il a ſi fort ap-
peſanty ſa main ſur l'innocent.

Que ce ſoit là donc le motif de
nos gemiſſemens & de nos larmes :
elles ne peuueut pas eſtre agreables
à ce Iuſte pour qui nous les verſons,
ſi elles ne ſont dans la Iuſtice : &
quelle iuſtice de plorer pour ſon
bon-heur ? Luy qui n'a trauaillé
que pour nous rendre heureux. Eſt-
ce recompenſer iuſtement ſon affection que de nous affliger de ſa gloire ? ce ſeroit mal conſiderer les ſoins
qu'il a rendus pour nous acquerir
du repos, que d'enuier celuy qu'il
poſſede à preſent dans le Ciel, &
qu'il n'auoit pû rencontrer ſur la
terre.

Plorons donc raiſonnablement,

O

mais plorons vtilement ; taschons
de noyer nos pechez dans les eaux
de nostre repentence, comme l'armée de Pharaon sous les ondes de
la mer rouge ; puis que ce sont
eux qui ont donné lieu à la mort
de nostre Prince, & sont les causes
veritables de nos mal'heurs.

Que les regrets d'auoir offencé
Dieu desarment sa colere, & fas-
sent qu'il retire la main de sa Iustice
de dessus nos testes assez froissées
par ce coup qui a enleué du milieu
de nous celuy qui estoit tout nostre
appuy & toute nostre esperance,
pour donner lieu à sa misericorde ;
qui nous preserue de tous les autres
mal heurs, dont il sembloit qu'en
cette perte nous fussions menas-
sez.

C'est certainement, (Messieurs,)
de ce seul costé que la consolation

nous peut venir en des angoisses si
mortelles ; nous auons assez souuent
esprouué, que *Dieu aprés s'estre*
courroucé contre nous s'est resouuenu
de ses misericordes : Que sa puissante
main qui nous auoit humiliez pour
dompter nostre orgueil, nous a
aprés releuez outre nostre attente
pour magnifier la gloire de sa misericorde, & nous apprendre à esperer en luy, lors qu'il semble qu'il y
a fort peu à esperer sur les hommes.

Nous ne deuons aucunement
douter, qu'il n'en vse encore de la
sorte en l'occasion presente : & desia
nous en auons des marques si asseurées, que sans stupidité, & quelque
espece d'infidelité nous ne sçaurions les mettre en doute.

En la mort de nostre Grand
LOVIS, qui soustenoit la France, il

sembloit qu'elle fuft menaſſee d'vn
general eſbranſlement : nos Eſprits
affligez eſtoient ſaiſis de crainte,
qu'auec la cheute de ce ferme pillier
toute la Monarchie ne vinſt à
ployer & à ſe confondre : nos ennemis n'attendoient que ce moment deſaſtreux pour ſe ruer ſur
nous, & adiouſter aux larmes de la
perte du Roy, celles de la deſola-
tion du Royaume : Mais Dieu,
dont la prouidence ne ſommeille
iamais, & qui à deſia fait paroiſtre
tant de miracles de ſon amour en
ſon endroit, à pris le ſoing de ſa
conſeruation, & à renuerſé le con-
ſeil de nos ennemis ſur leurs propres
teſtes. Ils entrent dans la France le
meſme iour que noſtre Grand Roy
ſort du monde ; ce que luy-meſme
declara par vn mouuement ſegret,
& dont les plus ſubtils auroient

grand peine d'aſſigner la veritable
cauſe ; & ſix iours aprés ſelon la
Prophetie de ce meſme Prince, ils
en ſont repouſſez par vne défaite
auſſi deſaſtreuſe & honteuſe pour
eux, qu'auantageuſe pour le Royaume, & glorieuſe pour ce ieune
Mars, qui au bout d'vn ſiecle a fait
renaiſtre le ſouuenir de cette autre,
de meſme nom, de meſme ſang, &
de meſme aage, qui auoit gagné
dans les Plaines de Seriſoles, vne
Bataille preſque ſemblable en toutes ſes circonſtances à celle que ce
ieune Guerrier a remporté le dix
neufuieſme May de la preſente année dans celles de Rocroy contre
les communs ennemis de cét
Eſtat ; à fin que nous n'eſtabliſſions
pas ſeulement noſtre confiance en
la force de nos armes, mais principalement ſur le Ciel, qui a voulu

Monſieur
le Duc
d'An-
guien.

O iij

par vn ſigne viſible nous aſſeurer
qu'il prenoit en ſa protection l'innocence de noſtre ieune Roy; &
vouloit ſéeller du ſeau de ſon authorité la regence de noſtre grande
Reyne, à laquelle la nature, la Iuſtice, & la raiſon l'appelloient, &
pour laquelle ſon cher Eſpoux également iuſte & clairuoyant l'auoit
d'eſtinée du conſentement de tous
les Princes, & auec l'applaudiſſe-
ment de tous les peuples de la
France.

C'eſt icy que les penſées des
hommes ont eſté confondues, &
nos apprehenſions par la bonté de
Dieu rendües vaines à noſtre contentement; Car la France ne s'eſt
pas ſeulement trouuée victorieuſe
de ſes ennemis : mais tout ce grand
edifice qui demeuroit ce ſemble ſuſ-
pendu, preſt à ſe deſtacher, par la

diuifion qu'on s'eftoit figurée deuoir arriuer pour le gouuernement
du Prince & de l'Eftat, s'eft veu mi-
raculeufement fouftenu par cette
puiffante prouidence, qui maniant
les cœurs des grands, felon qu'il luy
plaît les a tournez à vne parfaite
vnion enfemble, & auec cette fage
Princeffe, qui tient auiourd'huy le
timon du vaiffeau de la France, &
le regit auec tant de prudence & de
bon-heur, qu'on peut dire, que
l'Efprit du Grand L o v y s X I I I.
fon Efpoux reuit en elle auec fa
bonne fortune, & qu'elle aura la
gloire d'auoir fauué la France par fa
conduite, comme luy l'auoit ag-
grandie par fa valeur.

On a veu ces deux grands Princes du fang Royal, Monfeigneur le
Duc d'Orleans, & Monfeigneur le
Prince (qu'on ne peut mieux loüer
qu'en taifant leurs loüanges qui n'é-

O iiij

galeroient iamais leurs vertus , &
qui ne paroiſſent nulle part plus
loüables qu'en ce que l'eſtant par
tant de raiſons, ils ne peuuent pourtant ſouffrir d'eſtre loüez, & mettent tout le contentement de leur
loüange à l'auoir meritée, & non
pas à la receuoir,) tous deux, dis-je,
par vn commun mouuement d'a-
mour & d'eſtime à l'endroit de cette aimable & admirable Reyne, ſe
rendre auprés d'elle pour l'aſſiſter de
leurs ſages conſeils , & la ſoulager
d'vne partie de ce peſant fardeau,
qu'elle a à preſent ſur les eſpaules,
peu accouſtumées iuſqu'icy à le
porter.

Tous les autres Miniſtres d'E-
ſtat, tant ceux qu'elle a trouuez que
ceux qu'elle a eſtablis, n'ont pas eſ-
pargné leurs ſoings pour empécher
les deſordres que la nouueauté des
regnes a de couſtume de faire naî-

ſtre. Non plus que cét Augufte
Senat de Paris, à faire paroiſtreſon
zele accouſtumé par la prompticu-
de qu'il a apportée à declarer cette
heureuſe Regence, qui fait la ioye
commune de tous les peuples de la
France, comme celle-cy, eſt vn argument bien aſſeuré, que le choix
fait par le feu Roy de ſa chere Eſpouſe pour le gouuernement de
l'Eſtat durant le bas aage du nouueau Roy ſon fils, eſtoit vn mouuement ſegret que Dieu luy auoit
inſpiré pour le bon-heur du Roy,
& du Royaume,

Bref, nous pouuons dire, que
comme aux accidens extremes qui
attaquent le cœur & mettent la vie
en danger, le ſang reſpandu par
toutes les parties du corps ſe vient
rendre aupres du cœur, qui en eſt la
ſource, pour le fortifier, les yeux

s'obscurciſſent, les aureilles ſe bou-
chent, les bras pendus nonchalam-
lainment contre terre, tout le corps
eſt abbatu & languiſſant, cependant que le cœur vit & reſpire à
la faueur de ce nouueau ſecours: de
meſme en l'accident funeſte & dou-
loureux de la France, qui oſtant la
vie à noſtre Roy, cœur & chef de
tous ſes peuples, ſembloit menacer
toutes nos vies & nous vouloir en-
ſeuelir tous dans vn meſme tombeau, on a veu les principaux mem-
bres de la Monarchie quitter leurs
intereſts, & apporter toutes leurs
affections & leurs ſoings pour
maintenir l'authorité Royalle, qui
reſide maintenant en la perſonne
de noſtre ieune L o v y s XIV.
duquel nous deuons eſperer autant de felicitez, que ſon Pere
nous auoit acquis de gloire, & nous

promettre que son Regne qui commence par l'innocence, continue-
ra par la iustice vers ses suiets, & la
pieté enuers Dieu, dont il gagnera
le cœur en gagnant les nostres, & se
fera seruir aussi sainctement, que
doucement il tirera le seruice de
tous ses peuples, faisant pour comble de bon-heur & de benediction,
refleurir bien-tost l'Oliue de la
Paix à l'ombre des Palmes de son
pere.

C'est par ces considerations que
nous pouuons soulager nos ennuis,
& mesler les larmes de nostre ioye
pour l'amour du fils auec celles de
nostre douleur pour le trespas du
pere.

Les Astologues nous aduertis-
sent de ne pas tourner nostre veuë
sur le Soleil, lors qu'il est dedans son
Eclipse, de peur que cette Astrene

vienne à vanger sur nos yeux l'alteration qu'il resent de sa lumiere ; mais de les porter sur son image, qui se peinct d'ordinaire sur quelque claire fontaine, ou dedans vn baßin plein d'eau.

Suiuans leur conseil en l'Eclipse du Soleil de noftre France , prenons bien garde de ne pas tourner nos regards vers luy , ce qui ne nous pourroit causer que des larmes, ne voyans plus d'vn si grand Roy, si aimé des siens, & si redouté des estrangers, qu'vn peu de cendre renfermée en vn triste plomb de six à sept pieds, pour seruir de tableau aux Princes, qui se laißent esblouïr par certain esclat de leurs grandeurs, que toute cette pompe qui les enuironne, n'est qu'vne légere fumée qui desiste en vn moment, & que tout ce grand appa-

reil de gardes, & d'officiers ne les
sçauroit garantir de la mort. Bref
que le mesme Oracle de verité qui
les prononce dieux & enfans du
Tres-haut, annonce au mesme
temps qu'ils mourront, comme les
autres hommes.

En ce lugubre accident portons
la veüe sur son image, qui est son
fils nostre Roy, & qui nous doit
donner durant le cours de son Regne vne viue expression de ses vertus; c'est vn Astre nouueau, & vn
Soleil leuant, qui luisant sur nos
testes escartera tous les nuages de
nos ennemis, & apportera à nos
ames craintiues la lumiere, & la
paix.

Ou plustost iettons nos regards,
sur ce mesme Soleil, dont nous
souspirons l'Eclipse, le considerant
non du costé de la terre, qui ren-

ferme son corps, & dont il ne reste
plus tantost que les cendres auec la
bonne odeur de sa vie; mais du costé du Ciel qui a receu son ame pour
la faire viure dans vn abisme de
bon-heur & de contentement, qui
est le plus iuste suiet de consolation
que nous puissions receuoir en sa
mort, si nous auons autant d'a-
mour pour sa personne, comme
luy a eu de tendresse pour nous.

Mais que dis-ie de sa mort? Ie
me retracte, Messieurs. Si la vertu
est immortelle, nostre Prince n'a pû
mourir : sa mort n'a esté qu'vn som-
meil, & son trespas qu'vn passage à
l'immortalité.

Abus estrange de language! ô
que nous nommons mal les choses!
nous appellons viuans ceux qui
meurent tous les iours, parce qu'ils
n'ont pas encore acheué de mourir,

& nommons morts ceux, qui viuent & viuront toute vne eternité
dedans le sein de Dieu, qui est la
fontaine de vie.

En quoy nous imitons les peintres, qui ne peignent iamais les Anges que comme des hommes, parce qu'ils n'ont iamais parû que sous
la forme humaine : quoy que ce
soient des purs Esprits sans figure &
sans aucuns lineaments corporels ;
car nous nommons les Saincts qui
viuent & viuront eternellement
auec Dieu, des morts : parce que
nous ne les auons veus qu'icy bas
mortels & mourans auec nous
quoy qu'ils soient pour iamais af-
franchis du trespas, & qu'ils n'ayent
fait autre chose que passer de la
mort à la vie.

C'est donc ainsi que ie veux

nommer le decez de mon iuste Prince, vn trefpas, & non pas vne mort, puis qu'il ne fait que paffer de la condition mortelle à l'Eftat d'immortalité, puis qu'il eft encore viuant parmy nous, comme vn Phœnix qui s'eft rendu infiny par fa fin, & s'eft veu renaiftre de fes cendres, ie veux dire, en cette belle pofterité qu'il a laiffée, comme de viues images de fes vertus.

Difons plus, qu'il renaift tous les iours dans le cœur de fa chere Efpoufe. Non, ie me trompe, il n'y peut pas renaiftre, parce qu'il n'y eft iamais mort, & que c'eft fon Efprit qui l'anime & le fait viure & agir, tant pour l'education de fes enfans bien-aimez, que pour la conferuation de la France qu'il a tant cherie, & à qui elle donne fes

peines

peines pour soulager ses miseres, &
consacre ses soings pour destourner
ses mal'heurs.

C'a esté vne innocente tourte-
relle, qui n'a fait continuellement
que gemir depuis le trespas de sa
moitié. Mais voyant qu'elle en con-
seruoit le principal, qui est l'Esprit
& le cœur, elle veut imiter son courage, forçant sa tendresse, pour
moderer sa douleur, ou plustost
opposant sa constance à sa douleur,
& le soin qu'elle doit auoir de son
peuple au sentiment de sa perte : &
ainsi faire voir que si ce digne Espoux est mort pour les autres, il est
encore viuant pour elle & en elle,
& qu'elle a fait de soy-mesme vn
superbe Mausolée pour y loger son
Espoux aussilong-temps que Dieu
luy donnera de vie.

Mais outre tout cela il vit aussi

en Dieu, de Dieu, & pour Dieu,
auec des ioyes qu'il reſſent bien
mais que nous ne ſçaurions expliquer.

Oüy, Ame Royalle, c'eſt là que
vous viuez, dans le parfait contentement que vous n'auez pû trouuer en la terre, en la plus eſclattante
condition, où vne Royalle naiſſance ioincte à vne ſinguliere vertu
puiſſe eſtre eſleuée : cependant nous
vous coniurons que la poſſeſſion
de ce bon-heur ne vous faſſe point
oublier ceux que vous auez laiſſez
icy bas parmy les miſeres de cette
vie. Ne reſſemblez pas à cét ingrat eſchançon de Pharaon, (auſſi
voſtre condition eſtoit elle fort-dif-
ferente de la ſienne) qui eſbloüy de
l'eſclat de la Cour, & enyuré des
faueurs qu'il receuoit de ſon maiſtre, oublia & laiſſa dans la priſon,

dont il auoit esté retiré, le bon
Ioseph qui auoit esté le compa-
gnon de sa captiuité, l'interprete de
son songe, & le Prophete de son
bon-heur. Iouissez de la gloire dedans laquelle vous estes sainctement abysmée: recueillez les caref-
fes auec les quelles vous auez esté
accueilly par le grand Monarque du
Ciel & de la terre, des Anges & des
hommes, & les applaudissemens de
tous ces Esprits bien-heureux, qui
forment cette auguste cour: entrez
bien-auant dedans la ioye de vostre
Seigneur, que vous auez seruy auec
tant de fidelité & d'amour: mais
conseruez vn petit souuenir de vos
pauures suiets, que vous auez laissez
dans les douleurs de vostre absence,
& qui superbes seulement de leur
suiection ont tousiours fait tout
leur contentement de leurs seruices,

Euge, serue bo-
ne & fi-
delis in-
tra in
gaudium
Domini
tui.

P ij

& toute leur gloire de l'obeiſſance fidelle qu'ils vous ont renduë, & pretendent de rendre iuſqu'au dernier ſouſpir de leur vie à celuy que vous auez laiſſé en voſtre place, comme l'image de vos vertus, auſſi bien que l'heritier de voſtre Sceptre.

Viuez pour ce grand petit Prince, lequel ayant eſté ſi long-temps deſiré & demandé à Dieu, & en fin octroyé par vn eſpece de petit miracle, nous promet des miracles de ſon gouuernement pour le bien de la France.

Viuez pour noſtre grande & vertueuſe Reyne, qui ne vit plus que dans les amertumes de voſtre mort : ſoyez ſa conſolation, comme elle eſt la noſtre : & ſoiez ſon appuy comme elle l'eſt de cet eſtat ſi agité, dont vous luy auez laiſſé la

conduite, & qu'elle commence à
gouuerner auec tant de prudence
& de bon-heur. Elle ne vit plus
que par miracle depuis voftre depart, que fon Efprit femble l'auoir
quittée pour vous aller chercher :
faites des miracles de voftre credit
auprés de Dieu, à fin qu'elle viue
longuement, & pour le bien de ce
Royaume qui eftoit voftre herita-
ge, & pour l'education de ces deux
gages precieux que vous luy auez
laiffe de voftre amour : donnez luy
cette confolation dans fes amertumes de voir reuiure le Roy fon cher
Efpoux dans le Roy fon fils bien
aimé, à fin qu'en l'vn elle les aime
& embraffe tous deux emfemble.

Viuez pour l'Eglife, que vous
auez toufiours honorée comme
voftre mere & qui vous a auffi chery
comme fon fils aifné, & bien-aimé,

qui n'espere pas de moindres effets de vos intercessions auprès de Dieu, maintenant que vous estes dans le Ciel, qu'elle en à ressenty de vos protections, cependant que vous viuiez encore sur la terre.

Viuez pour le Clergé particulier de vostre France, pour qui vous auez tousiours eu de si grandes bontez, & qui à eu aussi pour Vostre Majesté des tendresses si particulieres, & de si fortes passions pour son seruice, & qui a tousiours fait profession, comme l'Espouse du Cantique, de ne se plaire que parmy les Lys, c'est à dire, en la fidelité & l'obeïssance de son Roy legitime.

Viuez pour cette braue & valeureuse Noblesse, qui s'est acquise par sa fidelité & son amour cette haute reputation parmy toutes les nations de la terre, d'estre la fleur & le mode-

le de toute la Nobleſſe de l'vniuers,
& d'auoir touſiours eſté prodigue
de ſon ſang & de ſa vie pour le ſalut
de ſon Prince & la defence de ſon
Eſtat.

Viuez pour les auguſtes compa-
gnies, qui comme Parelies de l'authorité ſouueraine que vous auez receu de Dieu pour rendre la Iuſtice à
ſes peuples, en tiennent la balance
en la main, pour la rendre à vos ſu-
jets, appaiſer les debats & maintenir l'ordre parmy vos peuples.

Viuez generalement pour tous
vos François, que vous auez laiſſez
parmy les larmes & parmy les ſouſ-
pirs de voſtre ſeparation, & adiou-
ſtez par voſtre credit & vos prieres
à tant de biens que vous leurs auez
fait durant voſtre vie, celuy-cy de
pouuoir en imitant vos vertus viure
vn iour auec vous & participer à

voftre gloire. Vous auez affez expe-
rimenté nos miferes pour en auoir
compaffion, & auez affez de charité
& d'amour pour nous procurer ce
bon-heur, & d'autant plus volontiers, que Dieu y trouue les interefts
de fa gloire, que vous auez toufiours
recherchée par deffus toutes chofes :
& l'aimant parfaitement comme
vous faites, nous ne pouuons douter que ce ne vous foit vn fingulier
contentement, de voir plufieurs
cœurs bruflans de mefme amour,
dont vous eftes à prefent fi fainéte-
ment embrazé, & plufieurs bouches entonner les loüanges de ce
grand Monarque du Ciel & de la
terre, que vous preniez tant de plai-
fir icy bas à faire concerter par les
hommes, & que vous chantez maintenant fans aucune comparaifon
plus doucement & plus melodieu-
fement

sement parmy les Anges.

Viuez en fin, (i'ose vous demāder,
ô mon grand Prince & tres-aimable maistre cette faueur particuliere)
viuez pour le plus fidele de vos sujets, & le plus passionné de tous
ceux que vous auez obligez, qui
ne pretend nullement borner son
amour & sa recognoissance des bor-
nes de sa vie, mais les estendre dans
toute l'eternité, & qui ne pouuant
pas d'auantage contribuer à vostre
gloire, apres s'estre espuisé de larmes, & auoir brisé sa poictrine par
le grand effort de ces deux iours, &
la violence de ses sanglots, vous
consacre sa langue & sa plume, pour
honorer vostre memoire, & faire
cognoistre à la posterité auec admiration, que comme il n'y eut iamais vne plus belle vie que la vostre,
aussi n'y aura-il iamais vne plus heu-

se mort , ny plus digne de l'immortalité glorieuse que nous vous
auons souhaittée , & que nous ne
doutons point que vous ne posse-
diez maintenant, aussi bien regnant
dans le Ciel , comme vous l'auez
esté en la terre. Ainsi soit-il.

FIN.